新能源汽车减速器

设计与开发

张广杰 胡晓岚 黎超 常星宇 王源 邓玉斌◎编著

U0348603

机械工业出版社
CHINA MACHINE PRESS

本书介绍了新能源汽车减速器的功用、要求，减速器各种结构方案，减速器主要参数的确定方法，详细说明了壳体设计、齿轮设计、花键设计、轴承和油封的选型及应用、差速器结构设计、P档机构设计、润滑系统设计、清洁度要求、NVH优化、传动效率优化、常用分析软件和总成CAE分析，以及减速器的台架试验等。

本书可供汽车设计、试验、研究、维修等工程技术人员参考，也可作为大专院校相关专业的参考书。

图书在版编目（CIP）数据

新能源汽车减速器设计与开发 / 张广杰等编著.
北京 ：机械工业出版社，2024. 12. -- ISBN 978-7-111-76972-9

I. U261.2

中国国家版本馆CIP数据核字第202433WT91号

机械工业出版社（北京市百万庄大街22号　邮政编码100037）
策划编辑：雷云辉　　　　责任编辑：雷云辉　王彦青
责任校对：张爱妮　张　薇　责任印制：邓　博
北京盛通数码印刷有限公司印刷
2024年12月第1版第1次印刷
169mm×239mm · 14.25印张 · 254千字
标准书号：ISBN 978-7-111-76972-9
定价：129.00元

电话服务　　　　　　　　网络服务
客服电话：010-88361066　　机 工 官 网：www.cmpbook.com
　　　　　010-88379833　　机 工 官 博：weibo.com/cmp1952
　　　　　010-68326294　　金 书 网：www.golden-book.com
封底无防伪标均为盗版　机工教育服务网：www.cmpedu.com

前　言

新能源汽车作为一个新兴行业，经过十多年的高速发展，我国在这个领域已经逐渐实现弯道超车。新能源汽车用减速器作为整车的传动部件之一，需要满足越来越高的要求，高转速、低噪声、轻量化、高效率是其永恒的主题。减速器的许多传统技术已经不能适用于新能源汽车，为了满足市场需求，减速器设计人员需要不断提升业务水平和开发能力。

本书由从事新能源汽车齿轮箱研发的工程技术人员在总结多年科研工作经验的基础上编写而成。相关人员的研发成果已为国内众多车企实现配套。

本书介绍了新能源汽车减速器主要零部件的设计计算方法和注意事项，如壳体的设计、齿轮参数的确定和强度计算、花键设计、轴承和油封的选型、差速器的结构设计、P 档机构设计、润滑系统结构分析和设计方法等，同时还介绍了 NVH 优化、传动效率优化、CAE 分析及台架试验。

全书共 6 章，由张广杰主持编著并统稿。各章编著者为：张广杰（第 1 章、第 2 章、第 6 章）、王源和胡晓岚（第 3 章）、张广杰和常星宇（第 4 章）、邓玉斌和黎超（第 5 章）。

本书在编写过程中，得到了许多同事的帮助，李云龙在润滑分析方面提供了数据模型；何欣宇在总成 NVH 优化方面提供了理论支持；胡迪在效率优化方面提供了部分测试数据；何胜平在壳体设计方面提供了许多设计资料和经验总结；李俊雷和吴永发在零件机械加工工艺方面提供了许多有价值的资料；王彩在齿轮热处理和表面强化方面提供了许多信息；李飞鸿在总成下线检测方面提供了许多有意义的数据；谢志辉提供了许多产品质量检测和售后信息；王夏和周彬浩提供了许多台架试验和整车 NVH 检测方面的数据；挚友周虞子对文中大量的图片进行了修改或重绘；吴江、曾杰、刘宇练、李昆、李思诚和杨绍波等同事也给予了许多技术支持，在此一并表示感谢。

此外，本书在编写过程中，还得到了相关领导的支持，在此对他们表示衷心的感谢。

鉴于编著者水平有限，书中可能有错漏之处，欢迎广大读者批评指正。

目　录

前言

第 1 章　动力总成分类 ……………………………………………… 1

1.1　减速器的结构 ………………………………………… 2

1.2　低速减速器 …………………………………………… 3

1.3　中速减速器 …………………………………………… 4

1.4　高速减速器 …………………………………………… 7

第 2 章　主要零部件设计 …………………………………………… 10

2.1　壳体设计 ……………………………………………… 10

2.1.1　壳体材料和生产方式 …………………………… 10

2.1.2　设计要点 ………………………………………… 13

2.1.3　壳体验收标准 …………………………………… 29

2.2　齿轮设计和花键设计 ………………………………… 36

2.2.1　齿轮的参数设计 ………………………………… 36

2.2.2　齿轮加工和质量判断 …………………………… 42

2.2.3　齿轮异响分析及措施 …………………………… 46

2.2.4　花键设计 ………………………………………… 52

2.3　轴承的选型和使用 …………………………………… 56

2.3.1　使用工况 ………………………………………… 57

2.3.2　轴承选型 ………………………………………… 59

2.3.3　轴承的装配和失效分析 ………………………… 65

2.4　油封的选型和使用 …………………………………… 68

　　2.5　差速器的结构设计 ················· 72

　　　2.5.1　差速器的结构和失效模式 ············· 72

　　　2.5.2　基本参数的确定 ··············· 74

　　　2.5.3　常见问题和措施 ··············· 77

　　　2.5.4　焊接差速器 ················ 83

　　2.6　P 档机构设计 ················ 88

第 3 章　润滑系统设计和清洁度要求 ··········· 97

　　3.1　润滑系统设计 ················ 97

　　　3.1.1　润滑油和油量 ··············· 97

　　　3.1.2　油路设计、分析和关键零部件选型 ········· 103

　　3.2　清洁度要求 ················ 111

第 4 章　NVH 优化和传动效率优化 ··········· 120

　　4.1　NVH 优化 ················· 120

　　4.2　传动效率优化 ················ 134

第 5 章　常用分析软件和总成 CAE 分析 ········· 145

　　5.1　减速器总成分析软件简介 ············· 145

　　5.2　分析流程介绍 ················ 149

　　　5.2.1　壳体静强度分析 ··············· 149

　　　5.2.2　总成模态分析 ··············· 158

　　　5.2.3　总成润滑分析 ··············· 163

　　　5.2.4　壳体面压分析 ··············· 173

　　　5.2.5　壳体刚度分析 ··············· 187

　　　5.2.6　差速器分析 ················ 193

　　　5.2.7　28 工况分析 ··············· 199

第 6 章　台架试验 ················· 206

　　6.1　总成耐久试验 ················ 207

　　6.2　总成冲击试验 ················ 210

　　6.3　差速器耐久试验 ··············· 212

　　6.4　差速器冲击试验 ··············· 213

　　6.5　润滑试验 ················· 216

　　6.6　接触斑点试验 ················ 217

　　6.7　其他注意事项 ················ 219

参考文献 ·················· 221

第 1 章

动力总成分类

    2007 年，国家发展和改革委员会制定了《新能源汽车生产准入管理规则》，我国的新能源汽车产业开始起步。2009 年 1 月，启动新能源汽车"十城千辆"工程，通过财政补贴的形式，用 3 年时间，每年发展 10 个城市，每个城市推出 1000 辆新能源汽车开展示范运行，力争使全国新能源汽车的运营规模到 2012 年占到汽车市场份额的 10%，该阶段发展的主要是电动公交车。2012 年，国务院印发《节能与新能源汽车产业发展规划（2012—2020 年)》，对技术路线、产业目标、基础设施、财政补贴、金融支持等进行了系统的规划。2015 年，我国新能源汽车产量已经达到了 37.9 万辆，销售量为 33.1 万辆，成为全球最大的新能源汽车产销市场。在该阶段，A00 小汽车和出租车得到大力发展，为后续乘用车的快速发展奠定了技术基础。之后几年，在相关政策的推动下，我国新能源汽车市场进一步爆发。随着渗透率的不断提升，中高档新能源汽车走入千家万户。2023 年，新能源汽车产销量分别为 958.7 万辆和 949.5 万辆，同比分别增长 35.8%和 37.9%，市场占有率达到 31.6%。其中，新能源乘用车占乘用车总量的比例达到 34.7%。

    新能源汽车减速器的功能，主要是替代传统燃油车的变速器，起到调节电动机的转速和扭矩的作用。传统燃油车，由于发动机扭矩和转速范围有限，要想实现动力和速度的大范围调节，必须借助变速器，但变速器结构复杂，除了需要多组齿轮传动，还需要复杂的换档机构和控制系统。新能源汽车减速器不同于传统燃油车的变速器，由于电动机本身的调速范围比较宽，所以不需要借助变速装置就能实现高转速高扭矩的平稳切换，其结构简单、工作效率高、成本低。机械行业内常将圆周速度 ≥25m/s 的齿轮传动称为高速齿轮传动，考虑润滑、效率、散热等情况，通常需要采用主动润滑，然而在纯电动汽车减速器上，并未严格按照这个标准去进行分类设计。乘用车对成本非常敏感，新能源汽车对重量又有诸多顾虑，一套主动润滑系统除了价格不菲，也必然会增加体积和重量，因此车企会尽量不用或少用。经过多年的设计开发，我们认为，新能源汽车减速器在设计方面需重新分类，根据输入转速基本可以分为三类：圆周速度≤25m/s 或转速≤10000r/min 为低速传动，25m/s<圆周速度≤34m/s 或转速≤17000r/min 为中速传动，圆周速度>34m/s 或转速>17000r/min 为高速传动。低中速齿轮传动通过合理的油路设计，依然可以采用飞溅润滑，但在速度更高的情况下，尽可能采用主动润滑。

随着国内十多年新能源汽车的快速发展，动力系统的形式也有了多种变化：从早期的低速减速器到后来的中速减速器，甚至高速动力总成（电动机和减速器一体）；从减速器与电动机共轴、共端盖到共壳体；从飞溅润滑到主动润滑；从输入输出平行轴结构到同轴结构；从单电动机驱动到双电动机驱动……

1.1 减速器的结构

减速器的结构比较简单，低速减速器主要由壳体、齿轮、轴承、差速器、油封、定位销、垫片、注放油螺塞、吊钩、通气阀和螺栓等构成，也有些减速器配备 P 档机构；高速减速器在低速减速器的基础上，增加了过滤器、油泵、油路堵塞、换热器和导油管等。减速器的结构如图 1-1 所示。

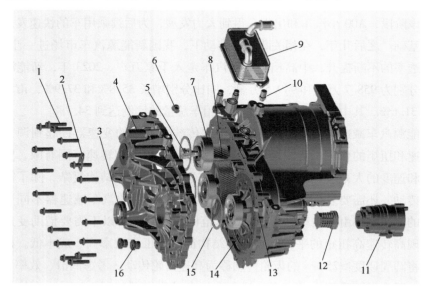

图 1-1 减速器的结构

1—螺栓 2—吊钩 3—油封 4—壳体 5—导油管 6—油路堵塞 7—轴承 8—齿轮 9—换热器
10—通气阀 11—油泵 12—过滤器 13—定位销 14—差速器 15—垫片 16—注放油螺塞

1.2　低速减速器

2015 年之前，新能源汽车还处于摸索阶段，结构没有进行有针对性的全新设计，主要就是在原有燃油车的结构上更换动力总成，目标仅仅是车子能够跑起来，对各种性能还没有明确的规范。这一时期，电动机最高转速为 9000r/min，功率为 50kW 左右，但由于传统燃油车发动机的最高转速只有 6500r/min，相比之下减速器输入转速提升了 50%，而且电动机相对于发动机运转噪声低很多，使得减速器的噪声问题凸显。为了降低噪声，必然对齿轮精度提出更高的要求。另外，传统变速器有多对档位齿轮，而新能源汽车减速器只有一对固定传动比的齿轮，这就相当于一对齿轮不仅要完成原来多对齿轮的工作，还要达到整车的寿命要求，这必然大大增加减速器的设计难度。

低速减速器（见图 1-2）作为新能源乘用车用减速器的雏形，相对于传统变速器，结构简单，技术要求尽管比传统变速器稍高，但和后来的高速减速器产品相比，还是相对粗糙，其各项技术指标都还不明确，没有适用规范，各个整车厂自行制定要求。车企对低速减速器 NVH 和传动效率没有特别苛刻的要求，甚至连疲劳耐久的试验方法也还在摸索中。许多技术借鉴于传统变速器，主要在齿轮加工、轴承和油封选型上有所考虑，齿轮加工采用磨齿和剃齿相结合，球轴承采用带防尘盖的结构，输入轴油封选用氟橡胶材质。

图 1-2　低速减速器

该类产品的主要配套车型是 A0 级以下的微型汽车。其中奇瑞新能源是进入微型汽车领域最早的整车厂之一，其开发的 QQ EV（见图 1-3）和 EQ（见图 1-4）曾经是国内新能源乘用车的代表，后来，在此基础上又开发了奇瑞小蚂蚁（见图 1-5）。其他典型产品还有众泰的云 100（见图 1-6）、上汽通用五菱的 E100（见图 1-7）、北汽新能源的 EC180（见图 1-8）等车型。

图 1-3　奇瑞新能源 QQ EV

图 1-4　奇瑞新能源 EQ

图 1-5　奇瑞新能源小蚂蚁

图 1-6　众泰云 100

图 1-7　上汽通用五菱 E100

图 1-8　北汽新能源 EC180

1.3　中速减速器

　　传统变速器有多个档位，总传动比在 3~16 之间可调。而减速器由于采用固定传动比，不能变速，因此电动机扭矩和转速变化范围较小时，很难兼顾高转速和高扭矩。为此，当电动机最高转速为 12000r/min 以下时，为了能同时保证适用的动力和车速，必须进行"妥协"设计，通常总传动比设置在 9 左右，造成的结果就是和传统变速器相比，既没有高速性，也没有大动力，这也正是国家早期对电动汽车提"双一百"要求的原因（续驶里程为 100km，最高车速为 100km/h）。为了改善整车性能，提升电动机转速势在必行。电动机输入转速提升之后，通过增加减速器传动比可以提升轮端的动力。于是，2015—2018 年，电动机功率达到 90kW，转速增加到 16000r/min，传动比增加到 11 以上，电动机冷却方式也从风冷变为水冷。中速减速器典型的结构如图 1-9 所示。此外，转速的提升有另一个好处，就是缩小了电动机体积，减小了电动机重量。这期间的减速器结构设计方案百花齐放，电动机和减速器共端盖（见图 1-10）、共壳体（见图 1-11）、共轴方案（电动机轴和减速器轴做成一体，见图 1-12）层出不穷，关于减速器的技术指标也有了较明确的要求。2016 年，由安徽星瑞齿轮传动有限公司牵头，中国汽车技术研究中心、奇瑞汽车、江淮汽车、长安汽车和吉利汽车等共同参与制定了 QC/T 1022—2015《纯电动乘用车用减速器总成技术条件》，给新能源乘用车用减速器提出了明确的技术指标和需要完成的各种试验要求，结束了国内新能源乘用车用减速器开发没有规范、各自为战的历史。

图 1-9　中速减速器

图 1-10　共用端盖减速器

图 1-11　共壳体动力总成

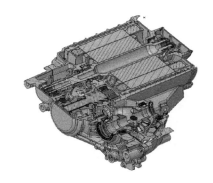

图 1-12　电动机和减速器共轴

在该阶段，国内新能源乘用车大爆发，许多新势力车企开始进入，传统整车厂也逐渐开始重视新能源汽车。多种车型同时出现，如 A 级车、B 级车，SUV、物流车，这使得各种减速器方案几乎都有机会被采纳，主要代表产品有小鹏汽车的 G3（见图 1-13，分体式方案）、蔚来汽车的 ES6（见图 1-14，分体式方案）、红旗新能源的 E-QM5（见图 1-15，分体式方案）、比亚迪汽车的汉 EV（见图 1-16，共端盖方案）、北汽新能源的 EU5（见图 1-17，共端盖方案）和 Arcfox 系列（见图 1-18，共壳体方案）等。其中，电动机和减速器共轴的方案，由于涉及电动机和减速器企业间的协同，并且输入轴为细长轴，加工和装配都有难度，因此量产案例较少。

图 1-13　小鹏 G3

图 1-14　蔚来 ES6

图 1-15　红旗新能源 E-QM5

图 1-16　比亚迪 汉 EV

图 1-17　北汽新能源 EU5

图 1-18　北汽新能源 Arcfox αS

1.4 高速减速器

经过多年的技术迭代，多合一的动力总成顺势而出，其最大的优势是动力总成高度集成，结构紧凑，即功率密度高，最高可达 6~7kW/kg，效率也有所提升，最高可达 93%。电动机功率突破 200kW，转速也提高到 18000~20000r/min，但由于转速太高，电动机必须采用油冷方式对定子和转子进行降温。同时，减速器内部齿轮、轴承、油封等也需要有足够的润滑油，这就需要采用主动润滑方式，因此也造成了对过滤器、通气阀、电子油泵、润滑油路和散热器等的开发需求。由于转速增高的同时还要求噪声低，所以轴承的性能、齿轮的精度等都需要进一步改善，减速器的设计开发压力非常大。为了解决电动机和减速器一体化内腔的防水透气问题，需要采用专用的带高分子膜的通气阀，相比于传统的单向阀，开发难度大，生产企业少，还存在一定的技术壁垒，成本大大增加。为了解决主动润滑的泵油问题，需要开发专用的电子油泵，对效率、重量、体积和 NVH 性能都有较高的要求。为了解决 NVH 问题，各种工业设计软件、CAE 分析软件得到广泛应用；高端进口磨齿机、强力珩齿机被引入齿轮生产；齿轮质量检测，不仅要测量齿轮精度，还要进行傅里叶噪声分析。最高转速 20000r/min 的高速试验台在国内许多减速器生产企业搭建完成。总成下线测试，也从原来的低速单工况升级为高速全工况测试，并且监控的项目也增加了很多，不仅监控传统的振动值和噪声值，还监控尖峰、线总和及翘度等。

高速动力总成的开发，虽然大大降低了电动机的体积、重量和成本，但却给减速器的设计开发增加了许多额外的负担，产品设计、零件加工、总成检验和试验验证，都是前所未有的挑战，需要各种软硬件的投入。由于主动润滑的结构布局灵活性强，因此除了常规结构，还延伸出共壳体高速电驱动总成（见图 1-19）、双电动机动力总成（见图 1-20）和输入输出同轴动力总成结构（见图 1-21）。

图 1-19 共壳体高速电驱动总成　　　图 1-20 双电动机动力总成

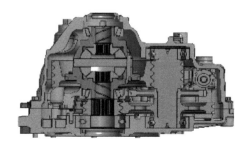

图 1-21　输入输出同轴动力总成

在该阶段，各整车厂的车型主打的就是动力系统集成化，特斯拉 Model3（见图 1-22）是其最典型的代表，而且推出很早。国内厂商快速跟进，推进速度最快的是赛力斯（见图 1-23）汽车，其问界系列搭载了华为的多合一动力系统，此外还有广汽埃安的 AION 系列（见图 1-24）、极氪汽车的极氪系列（见图 1-25，输入输出同轴方案）、红旗新能源的 EH7（见图 1-26）和奇瑞新能源的舒享家（见图 1-27）等。

图 1-22　特斯拉 Model3　　　　　　图 1-23　赛力斯 问界 M5

图 1-24　广汽埃安 AION S

图 1-25　极氪汽车 极氪 001

图 1-26　红旗新能源 EH7

图 1-27　奇瑞新能源舒享家

第 **2** 章

主要零部件设计

由第 1 章可知，减速器的主要零部件包括壳体、齿轮、轴承、油封、差速器、通气阀、过滤器、油泵、换热器和导油管等。个别产品根据客户要求配有 P 档机构。本章将对主要零部件的设计、选型和使用逐一进行介绍。

2.1 壳体设计

新能源汽车减速器的壳体作为内部零件的支撑单元和外包络，既承受齿轮啮合产生的内力，也承受来自悬架的外力，还承受电动机重量产生的附加力，是核心部件之一。产品结构复杂，精度要求高，通常需要大吨位的压力机和高精度数控机床才能完成其加工，模具成本高，前期投入较大。

2.1.1 壳体材料和生产方式

新能源汽车对重量很敏感，考虑轻量化问题，减速器壳体通常采用铝合金或铝镁合金材料，用得较多的是 ADC12、AC380 和 AC43400 等。铸造方式为高压铸造（1250~2500T），高压铸造设备如图 2-1 所示。高压铸造是一种将熔化的金属材料通过高压注入模具中的工艺，产品具有优良的表面质量和尺寸精度，适用于生产精度要求较高的零件。由于这些合金材料都具有高熔点，为了确保其能够充分充填模具，需要较高的温度和压力。所以模具制造应选择能够承受高温和高压的材料。常见的材料包括工具钢、硬质合金和陶瓷。模具的耐用性直接影响生产率和成本。批量较小时，可用 ZL101 或 ZL111 材料通过重力铸造方式实现，重力铸造设备如图 2-2 所示。重力铸造属于低压铸造，是一种通过自身重力或较低的压力将熔化的金属材料注入模具的工艺，其工艺比高压铸造更为简单，但通常不能获得同样高的精度和表面质量，设备和模具要求低，前期投入少。不过，由于产品合格率较低，单件成本高。对壳体的尺寸精度要求高，主要采用加工中心进行生产，数控加工设备如图 2-3 所示。

图 2-1 高压铸造设备

图 2-2 重力铸造设备

图 2-3 壳体数控加工设备

在样品开发阶段，做快速成型样品，通常可采用铝锭 6061 或 7075 进行机械加工成形。快速成型壳体加工如图 2-4 所示。由于铝锭本身的性能与量产材料有较大差异，做出的样品可以进行简单的技术验证，但不建议作为总成性能评价的根本依据。如需进行润滑试验，可用亚克力材料做透明壳体，便于观察内部油路的运行情况。亚克力壳体加工如图 2-5 所示。常用壳体材料性能见表 2-1。

图 2-4　快速成型壳体加工

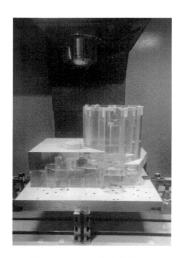

图 2-5　亚克力壳体加工

表 2-1　常用壳体材料性能

材料	抗拉强度/MPa	屈服强度/MPa	硬度 HBW	断后伸长率（%）
EN AC-43400	≥200	≥116	≥70	≥1
ADC12	≥228	≥154	≥75	≥1
AC380	≥320	≥160	≥85	≥3
ZL101	≥220	≥150	≥70	≥2
ZL111（T6）	≥315	≥150	≥100	≥2
铝锭 6061（T6）	≥290	≥240	≥90	≥8

2.1.2　设计要点

壳体设计，涉及的因素有很多。在通常情况下，减速器的边界、悬置位置、输入输出位置、注放油位置、接口、安装角度等各种约束条件都需要客户提前确定，客户的 SOR（Specification Of Requirements）书里会有明确的界定。因此，壳体设计人员能够发挥的空间很小，主要是壳体本身和内部的一些细节。

1. 壳体厚度和加强筋

壳体轻量化，是一个重要的课题，除了要考虑整体厚度，加强筋的布局、高度和厚度以外，还要考虑整体的刚度和模态情况。这个设计过程需要多次反复修改、优化。首先，根据输入扭矩与壳体壁厚的关系（见表 2-2）初选壳体壁厚；然后，根据壳体轻量化的需求，结合强度分析报告，确认最终整体壁厚，同时，在应力应变大的地方适当增大壁厚，在应力应变小的地方适当减小壁厚。

表 2-2　输入扭矩与壳体壁厚的关系

车型	压铸方式	输入扭矩/N·m	壁厚/mm
乘用车	高压铸造	70~150	(3.5~4)±0.3
乘用车		150~450	(4~4.5)±0.3
乘用车/商用车		450 以上	5±0.3
乘用车/商用车	低压及重力铸造	—	5~6

加强筋的布置方向需要沿变形方向设计，通过拉和撑的方式来防止变形，并减小应力应变，使结构符合材料强度的要求。布置加强筋的时候，还要考虑内部的干涉问题，壳体内部，旋转件相关位置间隙应保证 6mm 左右，如空间有限，间隙要确保 3mm，加强筋宽度可参考壁厚厚度。加强筋尽量布置在壳体外部，内部尽可能少布置，因为内部的加强筋会增加旋转的阻力，降低效率，增加噪声。壳体加强筋布置情况如图 2-6 所示。

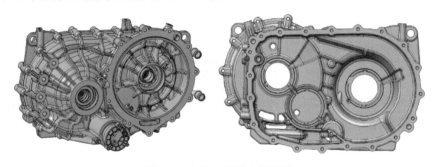

图 2-6　壳体加强筋布置情况

轴承孔作为主要受力点，变形最大。为了保证齿轮啮合良好，此处的刚度通常也希望尽可能大。自由状态下的动刚度，理想情况为≥100000N/mm，至少也要达到30000N/mm；约束状态下的动刚度，理想情况为≥15000N/mm，至少也要达到10000N/mm，如因特殊情况实在达不到的话，可试制进行验证。新能源汽车对NVH很敏感，为了避免壳体固有频率与齿轮啮合频率发生共振，并产生异响，通常要求壳体约束一阶模态频率越大越好，尽可能地与齿轮啮合阶次错开，最小应大于2000Hz。

2. 注放油螺塞位置及结构

新能源汽车减速器的润滑油通常不是终身免维护的，根据油品类型和使用情况需定期更换，润滑方式不同，换油周期一般也不同。此外，还与总成清洁度和零件质量要求有关。飞溅润滑减速器换油周期见表2-3，主动润滑动力总成换油周期见表2-4。

表2-3　飞溅润滑减速器换油周期

月数		6	12	18	24	30	36	42	48	54	60
里程表读数×1000km		5	10	20	30	40	50	60	70	80	90
检查齿轮油液位			◎		◎		◎		◎		◎
更换齿轮油	一般使用条件	★		★		★		★		★	
	严酷使用条件	★		★	★	★	★	★	★	★	

注：1. 项目上注明了距离和时间（以月计），检查应以先到者为准；◎：检查位、拧紧或调整；★：更换润滑油。

2. 严酷使用条件：行驶于灰尘多的地区或汽车经常暴露于有盐分的空气或盐水中。

表2-4　主动润滑动力总成换油周期

月数	3	6	9	18	27	36	45	54	63	72	81	90	99	108
里程表读数×1000km	10	30	50	100	150	200	250	300	350	400	450	500	550	600
齿轮油	★	◎	★	◎	★	◎	★	◎	★	◎	★	◎	★	★
减速器油封	◎	◎	◎	◎	◎	◎	◎	◎	◎	◎	◎	◎	◎	◎
注放油螺塞及密封圈	★	◎	★	◎	★	◎	★	◎	★	◎	★	◎	★	★

注：项目上注明了距离和时间（以月计），检查应以先到者为准。◎：检查；★：更换润滑油。

注放油螺塞是减速器必备的结构，主要用来加注和更换润滑油。该结构在设计时需要注意以下内容：

1）不要选择离主减速齿轮太近的位置，否则，加油枪插进去时会被齿轮挡住，影响加油效率。此外，还要考虑在整车上的使用方便性。图2-7中的注油口离齿轮太近，可放在左边。

　　2）可选择 ED 堵头端面密封或普通螺塞端面垫片密封，尽量不选择锥螺纹密封（NTP 堵头）。因为锥螺纹主要靠在螺纹上涂胶进行密封，而该堵头没有限位结构，当暴力拆装时，容易造成安装凸台开裂。常用注放油螺塞的结构如图 2-8 所示。

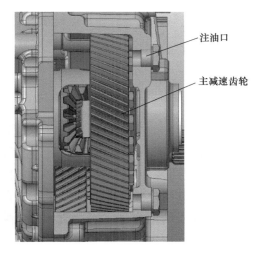

图 2-7　主减速齿轮与注油口位置图　　　　图 2-8　常用注放油螺塞的结构

　　3）凸台高度不宜过高，尽量使壳体壁支撑在凸台的中上部位；螺纹深度不宜过大，在满足螺纹需求长度的情况下加 3mm 即可（ED-M12 螺纹长度为 12mm，凸台螺纹孔深度为 15mm）；凸台直径应大于螺塞头部，并且表面完整无缺口，以保证有效的密封面和受力均匀；安装孔壁厚至少为 6mm（按螺纹大径）。其较差的结构如图 2-9 所示，好的结构如图 2-10 所示。

图 2-9　差的结构

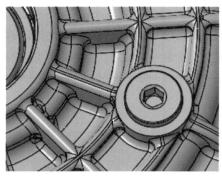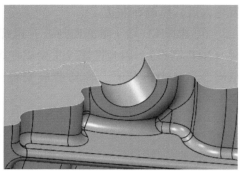

图 2-10　好的结构

3. 接合面结构

减速器漏油，是减速器设计过程中最应避免的失效模式。因为减速器内部的各种运转零件的正常运行都需要良好的润滑来保证。如果润滑不足，轻者，会产生异响，并加速零件磨损，从而缩短总成使用寿命；重者，轴承、油封、齿轮等很快会磨损、发热、烧蚀、破坏，严重影响用户使用体验。减速器接合面是两片壳体接合的关键位置，面积比较大，涉及的结构也比较复杂。有时候为了满足装配需要，接合面形状还很不规则，设计定型后，如需修改，由于涉及修模，甚至可能影响夹具结构和浇注口的位置，难度很高，因此设计之初需要充分考虑各种因素。从设计方面讲，主要关注以下几点：

1）合箱面接合宽度至少为 9mm，一般为 11mm。合箱螺纹孔边缘到壳体密封面内侧距离至少为 6mm，确保密封宽度。螺纹孔位置和合箱面宽度如图 2-11所示。

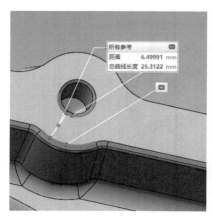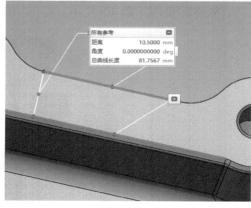

图 2-11　螺纹孔位置和合箱面宽度

2）合箱螺栓通常选用 M8 规格，间距为 6～10 倍孔径；由于壳体底部（总成装车状态的下部）的漏油概率高，所以间距要尽量小一点，从最底部到两边，间距按 6 倍、7 倍、8 倍孔径逐次展开，个别形状复杂的位置可适当增加螺栓数量；高于油面的位置，间距可大一点，高于油面 20mm 以上的位置，个别螺栓布置间距可以达到 9 倍孔径。螺纹孔间距如图 2-12 所示。

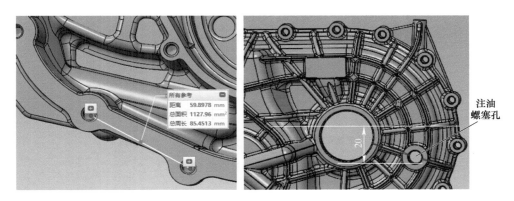

图 2-12　螺纹孔间距

3）螺栓尽量布置在合箱面中部，确保螺栓压力线（两个螺栓连线）在接合面中部，禁止超出合箱面。拐大弯处，即便间距很小，也要增加螺栓，以保证压力线位置。螺纹孔压力线如图 2-13 所示。

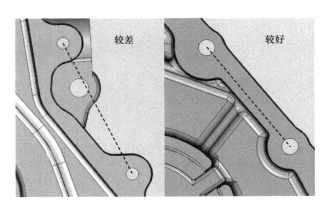

图 2-13　螺纹孔压力线

4）关于合箱凸台和螺栓布置结构，可在壳体接合凸台靠近壳体内部区域设计一圈凹槽，宽度一般为 5～7mm，深度为 8～16mm。接合凸台高度为12～20mm，相当于接合凸台内侧相对于壳体内侧壁外移 5～7mm。再把螺栓布置在接合面中线上。使螺栓安装凸台与壳体内侧壁相切。合箱面螺栓接合凸台结构如图 2-14 所示。

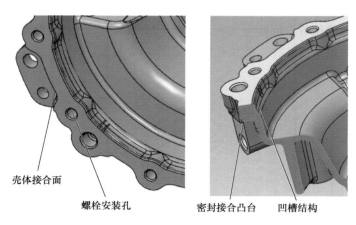

图 2-14　合箱面螺栓接合凸台结构

5）接合面内壁可做容胶槽，容胶槽结构如图 2-15 所示，目的是防止过量的端面密封胶在合箱时进入减速器内部，影响内部清洁度和零件正常运转。接合面上也可做交叉网纹（4.8mm 间距，6~10 条交叉网纹，表面粗糙度 Ra 值为1.6~3.2），可增加密封胶与接合面的接触面积和黏着力。由于网纹铣刀进入和退出时网纹深度会变浅，故铣刀进入和退出位置，应尽量选择在壳体上部通气阀位置附近。

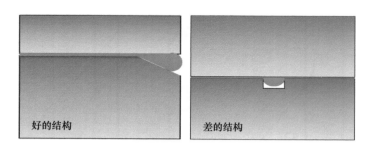

图 2-15　容胶槽结构

6）接合面的密封效果可以通过面压测试来进行检验，方法是把压敏纸按照接合面的形状裁剪后，安装在两片壳体之间，螺栓拧紧后稍等一段时间，然后拆解查看压痕情况，并对照压力曲线图判断是否有贯通的未接触区，如图 2-16 所示。由于面压纸测量压力时，减速器没有动力输入，测量的只是螺栓的夹紧力。所以还应借助有限元分析来判断受力情况下接合面的接触情况（见图 2-17～图 2-19），通常要求最大驱动力作用下，接合面的张开量不超过 0.01mm，面压为 0 的位置不能出现贯穿（如出现局部区域面压为 0 且贯穿的情况，需通过试验验证），滑移量不超过 0.07mm。不同的密封胶，断后伸长率和抗拉强度有所不同，在改善接合面漏油方面有时也能起到一定的作用，常用平面密封胶性能见表 2-5。

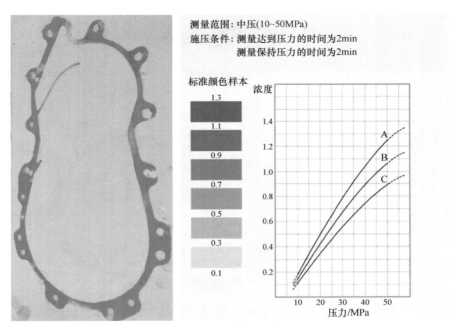

图 2-16　面压测量

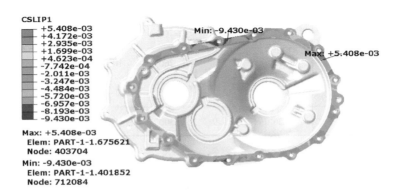

图 2-17　错位量分析

19

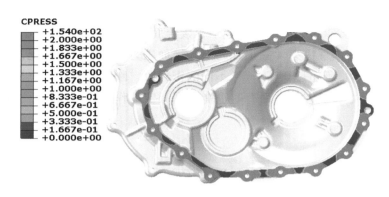

图 2-18　面压云图

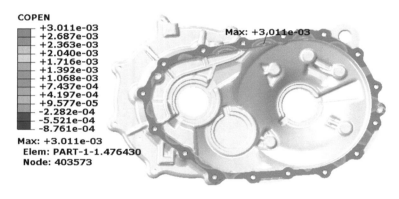

图 2-19　张开量云图

表 2-5　常用平面密封胶性能

型号	颜色	密度/（g/cm³）	抗拉强度/MPa	断后伸长率（%）	表干时间/min	固化深度/（mm/24h）	工作温度/℃
天山 TS1596	灰	1.18	2	260	10~20	≥2	−54~260
天山 TS1590	黑	1.38	2	450	2~10	≥2	−54~210
德邦 2599	灰	1.26	≥1.9	300	10~30	≥2	−54~250

4. 通气阀的位置结构

通气阀的功能主要是平衡箱体内外的压力，防止内部压力过大出现爆箱，进而导致漏油。当减速器内部零件转速较低时，油温升速慢，内外压力平衡较容易，透气孔通常设计在壳体使用条件下的最高位置就可以满足要求。但在高转速的情况下，油温快速升高，油雾体积迅速膨胀，大量气泡来不及消除。此时，如果油气分离结构设计得不合理，部分油液会随着热空气一起排出，从而导致通气阀处漏油，严重时甚至出现喷油现象。这里说的减速器主要是指靠飞溅润滑的独立减速器。至于油冷电驱动总成，减速器和电动机内腔相通，透气阀可布置在电动机腔，没有齿轮旋转而飞溅的润滑油。同时，油雾较少，透气帽漏油渗油风险小。

解决通气阀处漏油的思路是优化油气分离结构，主要方法是迷宫法，通过设置油气分离迷宫，来增加油路长度，使油雾有足够的时间冷却回流。具体做法如下：

1）通气阀设在减速器的最高位置，飞溅润滑减速器采用普通透气阀，其结构为单向阀，如图 2-20 所示，有标准件可选；与电动机连通采用主动润滑的动力总成，对防水性能要求更高，采用带高分子膜的防水透气阀，其结构如图 2-21 所示。

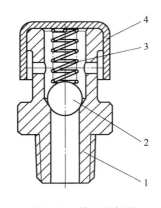

图 2-20　普通透气阀
1—塞体　2—钢球
3—弹簧　4—塞帽

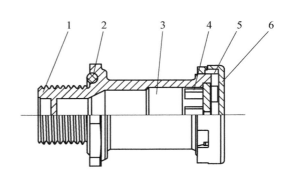

图 2-21　防水透气阀
1—外壳　2—密封圈　3—过滤棉　4—支架
5—高分子膜　6—盖子

2）前后壳体在通气阀附近利用隔板设计 3~4 个腔体，并在前后壳体隔板上错位开槽，从而形成迷宫；入口外做挡板，以阻挡部分油气，减少进油量；入口开口稍大一点，该处油气压力和流量都较大，开口太小容易导致堵滞；反冲腔上下开口，起平衡压力作用。通常油气从下开口出，如果下开口意外被临时堵住，油气可从上开口出。前后壳体排气槽结构如图 2-22 所示。

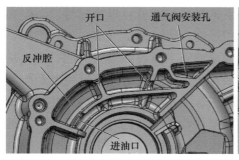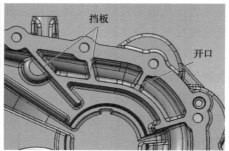

图 2-22　前后壳体排气槽结构

a）前壳体　b）后壳体

5. 悬置结构设计

悬置孔是壳体与底盘相连的接口，当产品设计时，首先要确认悬置位置、螺纹规格和有效螺纹深度，以便评估悬置处轴向空间是否足够；其次，悬置凸台端面直径要大于相配合悬置支架的端面直径，既可以避免相对移动，也可以降低运行过程中支架挤压凸台扭曲产生的应力。

1）悬置凸台尽量不要直接与壳体侧面连接，如果必须与壳体侧面直接连接时，要高于壳体表面。因为该凸台平面质量要求较高，压铸后需进行锪平处理，如果低于壳体表面，加工过程中会产生尖角，导致应力集中，影响强度。较好的设计是把凸台独立出来，通过加强筋与壳体壁连接，并高于壳体表面 3mm 左右，再留 1~2mm 加工余量，避免机械加工产生尖角，如图 2-23 所示。

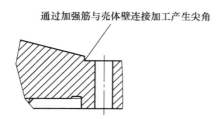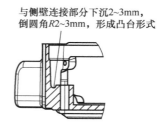

图 2-23　优化前后对比

2）如果悬置凸台离壳体壁太近，会使得加强筋布置困难。并且结构和圆角的过渡不够圆滑，容易产生应力集中，使此处强度较弱。在长期承受来自路面、减速器内部零件的振动与冲击时，会产生疲劳断裂，使减速器无法正常运行，从而降低产品的使用寿命。这种情况下，可把悬置凸台周围的壳体壁设计在悬置凸台的中上部位，在壳体内腔相应地去除材料，并在去除材料的空间位置上，从壳体内部设计连接悬置凸台的加强筋来提高悬置凸台的强度，如图 2-24 所示。

改善前　　　　　　　　　　　改善后

图 2-24　悬置加强筋改善前后对比

3）有时候，在设计过程中，壳体内侧的通孔和螺纹可能会出现残缺结构。对于这种情况，应设计一个 2~3mm 的避让结构，如图 2-25 所示，防止出现安装配合件的干涉，同时避免在壳体加工过程中加工残缺结构，可以减少刀具的磨损，并提高壳体加工效率。

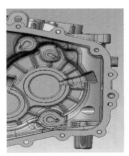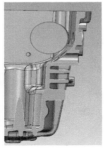

优化前　　　　　　　　　　　优化后

图 2-25　残缺孔优化前后对比

6. 电动机接合面结构设计

电动机接合面是减速器与电动机组合的定位面，由于电动机对防水有较高要求，所以在该位置，应确保减速器前壳体侧壁能覆盖电动机安装面的有效接触区，并确保壳体的强度与刚度；同时，还要确保壳体没有局部过厚的位置，避免压铸时出现局部热节点，防止产生缩孔。减速器本体与电动机安装面连接结构宜采用双层壁过渡结构，并布置加强筋进行连接，同时在壳体连接电动机安装面的侧壁外侧设计加强筋，如图 2-26 所示。这样的结构，能有效提高安装面连接结构的强度，避免疲劳开裂。

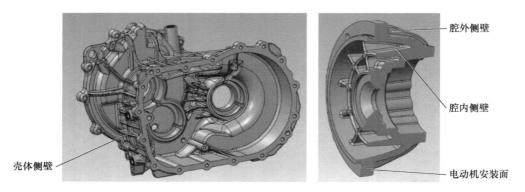

图 2-26　减速机与电动机接合面结构设计

7. 拆装工艺结构设计

壳体结构复杂，精加工尺寸较多，通常采用加工中心进行生产。除壳体成品需要进行许多项目的检验外，减速器总成下线时也需要进行多种测试，对于不合格品，有时还需进行拆解返修，所以这期间会有多次装夹的过程。为了生产过程中不损伤定位基准，通常的做法是设计专用的工艺孔（工艺面）满足装配和测试时使用。试车工艺定位孔如图 2-27 所示。

图 2-27　试车工艺定位孔

顶丝孔（一片壳体做螺纹孔，另一片壳体对应位置做凸台）主要是为了拆卸返修总成用，通常设计 2~3 个，基本上均布于壳体周边位置。具体螺纹的大小要根据需要设计，工艺孔和顶丝孔布置如图 2-28 所示。使用方法是在螺纹顶丝孔中依次拧入相应的螺栓至另一片壳体对应铸造凸台表面，产生一个使两接合壳体分离的作用力，使壳体分离，避免用撬棍或铜棒强力拆卸，有效保护壳体表面的完整性。

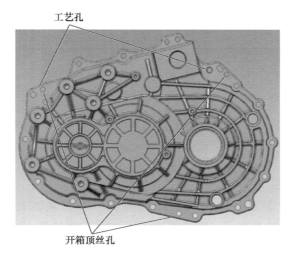

图 2-28　工艺孔和顶丝孔布置

8. 油路设计

减速器本身的油路比较简单，主要就是保证轴承、油封和齿轮接触位置有足够的润滑油。当齿轮转速较低时，通常采用飞溅润滑，但车辆在行驶过程中，有上坡、下坡和侧倾等各种路况，这就使得润滑油的位置和油面经常发生变化。由于飞溅润滑主要是靠减速器内的大齿轮搅起润滑油并将其甩入设计好的油路，进而流入需要润滑的位置，而甩出的油量和飞溅的距离主要受齿轮转动速度和油面高度的影响，为此，通常有以下几点需要注意：

1）油路要沿着齿轮甩油的切线方向进行设计，保证有足够的润滑油进入油路。在需要润滑的位置设置挡油板，使得润滑油能够达到要求的位置，挡油板有时需设置在进油口中间，同时满足减速器正反转润滑的需要。

2）轴承润滑位置，既要有进油口也要有出油口，出油口不要设计在最低位，要适当高一点。要求既能保证底孔内始终存有一部分润滑油，满足轴承的润滑需要，又能使润滑油循环起来，带走热量。

3）进油口通常设计成进口大、出口小的漏斗状结构，这样做的目的是为了能够捕获到尽量多的油，出油口通常比进油口小，以保证润滑油在润滑位置的存留时间，导油槽结构如图 2-29 所示。

4）对于速度特别高，与电动机共用壳体的减速器，由于电动机和减速器共用润滑油，润滑路线比较长，有些需要润滑的位置离油面非常远，单靠飞溅是

图 2-29　导油槽结构

远远不够的，此时需要采用主动润滑的方式。当前主要有两种主动润滑方案：一种较简单，润滑油通过吸滤器、电子油泵、换热器，进入电动机对定子和转子进行冷却；另一种较复杂，主要是在电子油泵后边又增加了一个压滤器（精滤），可进一步控制进入电动机的润滑油的清洁度。

5）主动润滑的抽油口应始终保持在油面以下，防止出现抽吸空气问题，可以在吸油口周围做一些围挡，减少大齿轮运转时搅动起来的紊流和泡沫对吸油口的影响，同时车辆倾斜时，也能维持有效油面高度。油泵吸油口挡油板结构如图 2-30 所示。

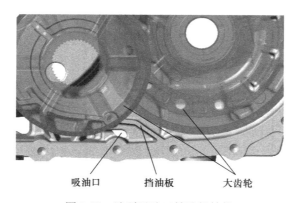

图 2-30　油泵吸油口挡油板结构

9. 壳体壁厚检查

由于壳体结构复杂，在设计过程中有些地方需要加强筋，有些地方需要挖孔，因此可能会造成壳体局部过厚或过薄，这些情况在压铸过程中都有可能产生缺陷。所以对最终状态的壳体进行壁厚检查是必须的，并且应尽可能保证一致性。CATIA 自带的壳体厚度分析模块是个很方便的工具，具体操作如下：

1）打开 CATIA 软件，单击"文件"菜单，选择"打开"，文件类型选择
"stp"，选择目标文件，单击"打开"按钮，如图 2-31 所示。

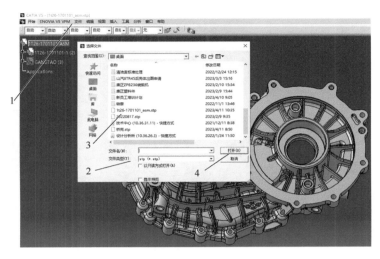

图 2-31　打开文件

2）在模型树中选择模型，再单击"壁厚分析"命令，如图 2-32 所示。

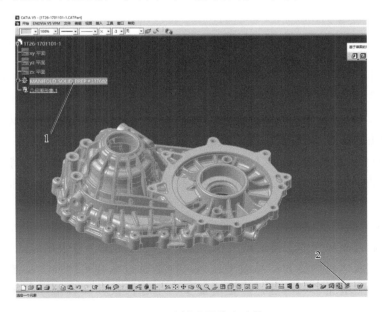

图 2-32　选择壁厚检查功能

3）在壁厚分析界面，单击"输入"菜单，设置输入条件，测量方法选择"球面"，公差选择"1mm"，如图2-33所示。

4）壁厚分析界面，单击"选项"菜单，设置肋和壁厚测量范围，单击"运行"，即可查看结果，如图2-34所示。

图2-33　设置测量方法和公差　　　　图2-34　设置检测范围并查看结果

10. 其他注意事项

在壳体设计过程中，还会遇到许多小问题，有时也能够严重影响开发进度，需要特别注意：

1）电动机接口和安装面尽量选择止口定位，有效长度为5mm以上（一定要考虑倒角的影响），配合精度不大于7级。

2）轴承孔底孔深2mm以上，要避开保持架（圆锥滚子轴承保持架较高），设计拆卸轴承工具插入点，轴承外圈定位面要清根，防止垫片或轴承安装不到位。

3）用来起吊减速器的吊钩，通常设计在重心的正上方位置，主要有两种结构：一种是直接在壳体上铸造出吊孔，优点是结构简单，省去后续的安装工序，缺点是不方便位置调整和产品改型；另一种是通过在合箱螺栓上加装一个吊钩来实现，虽然增加了灵活性，但也增加了一个零件及其安装工序，还要注意设计吊钩的限位结构或限位工装，以防拧紧螺栓时带动吊钩转动，位置不统一。

4）油封安装孔，应尽量设计限位结构，可保证油封安装位置统一，如

图 2-35 所示。进口倒角处不允许有尖角，应与圆柱面圆角过渡（圆角推荐 R2），避免划伤油封外圈；表面粗糙度 *Ra* 值为 1.6~3.2，不易过小，以防压力大时，油封移动，尺寸公差不大于 H8，保证 0.2~0.3mm 的过盈量；压装时尽量不涂润滑剂（过盈量太大时可借助润滑剂）。

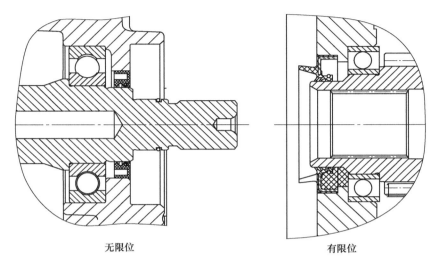

无限位　　　　　　　　　　有限位

图 2-35　油封轴向限位结构

2.1.3　壳体验收标准

壳体通常采用高压铸造工艺，受工艺水平、设备能力、模具质量等影响，必然会有气孔、缩孔、拉伤、冷隔、龟裂纹等各种铸造缺陷的存在。壳体压铸缺陷见表 2-6。此外，在加工过程中还会造成表面划伤、压痕等加工缺陷，为了保证良好的产品质量，合理、合规的验收标准必不可少。因此我们对壳体外表面气孔、机械加工螺纹孔处气孔、内部实体气孔、外表面划伤/划痕、非加工面缺陷质量与铸件表面龟裂纹要求、壳体气密性、浸渗要求、力学性能要求等进行了规定。

表 2-6　壳体压铸缺陷

缺陷术语	缺陷定义
气泡	压铸件皮下气孔中的气体鼓起所形成的泡
气孔	卷入压铸件内部的气体所形成的形状较规则的表面光滑的孔洞
缩孔	铸件在凝固过程中，由于补缩不良而产生的孔洞。缩孔孔洞形状极不规则、孔壁粗糙，常出现在铸件最后凝固的部位

（续）

缺陷术语	缺陷定义
飞边	垂直于铸件表面上厚薄不均匀的薄片状金属凸起物，常出现在铸件分型面和芯头部位
毛刺	铸件表面上刺状金属凸起物，常出现在型和芯的裂缝处。形状极不规则，呈现网状或脉状的毛刺称为脉纹
流痕	压铸件表面与金属流动方向一致的，无发展趋势且与基体颜色明显不一样的微凸或微凹的条纹状缺陷
裂纹	铸件表面或内部由于各种原因发生断裂而形成的条纹状裂缝，包括热裂、冷裂、热处理裂纹等
冷隔	在铸件上穿透或不穿透的，边缘呈圆角状的缝隙。冷隔多出现在远离浇口的宽大上表面或薄壁处，金属流汇合处，以及冷铁、芯撑等激冷部位
欠铸	压铸件成形过程中填充不完整的部位
印痕	压铸件表面与模具镶拼或活动部分、顶杆等接触后留下的凸起或凹下的痕迹
拉伤	金属型铸件和压铸件表面由于与金属型啮合或黏结，顶出时顺出型方向出现的擦伤痕迹
隔皮	铸孔处应穿透而未穿透的金属层
凹陷	毛坯铸件表面上出现的凹瘪部分
网状毛刺	模具型腔表面产生龟裂而造成铸件表面呈网状凸起物（或凹下纹络）
锐边	与壳体理想的几何形状接近于零偏差的壳体内部或外部的边
麻面	铸件表面形成的细小麻点状分布的区域，多为充型过程中模温或料温过低引起的

1）对于气孔，根据所处表面功能、位置不同，要求也不同，需分别讨论，主要限制气孔尺寸和数量。气孔尺寸的测量方式如图 2-36 所示。

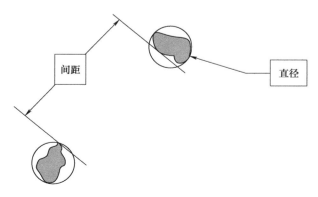

图 2-36　气孔尺寸的测量方式

① 对于机械加工的表面，因为位置不同，要求不同，所以需进行分级定义。壳体机械加工表面气孔标准见表 2-7。

表 2-7　壳体机械加工表面气孔标准

质量等级	允许最大直径/mm	允许最大深度/mm	可忽略气孔直径/mm	间距/mm	气孔数量/个	加工区域
A	≤0.5	≤0.5	≤0.2	≥2	1）螺栓安装端面≤1 2）其余表面（平面、圆柱面）≤3 3）可忽略的气孔不能呈蜂窝状	1）电动机筒定子安装定位面 2）密封面
B	≤1	≤1	—	≥2.5		1）油封安装圆柱面和孔口倒角 2）电子油泵安装面 3）电动机筒非定子安装定位面
C	≤1.5	≤0.8	≤0.3	≥3		1）壳体合箱面 2）轴承孔圆柱面和端面 3）定位销安装面
D	≤2	≤2	≤0.5	≥3.5		其余加工面
E	≤2.5	≤2.5	—	≥4		

② 对于螺纹表面，由于其位置和结构比较特殊，需单独定义。螺纹孔位置气孔标准见表 2-8。

表 2-8　螺纹孔位置气孔标准

螺距/mm	气孔要求			
	直径/mm	深度/mm	间距/mm	旋合长度内气孔个数
≤0.75	≤1	≤1	≥3	≤2
>0.75	≤1.5	≤1.5 且 ≤1/4 壁厚	≥3	≤4

注：1. 一个气孔缺陷不能同时跨 3 个螺牙，相连螺牙不能同时存在缺陷。

　　2. 一个气孔缺陷的径向大小不能超过以螺纹孔的轴线为圆心角度 30° 对应的圆弧范围。

　　3. 螺纹孔的最前端五丝扣不允许有任何缺陷，其余丝扣不允许超过表中规定范围。

③ 壳体内部或机械加工延伸面重要程度相对较低，气孔要求也相对宽松，壳体内部气孔标准见表 2-9。

表 2-9　壳体内部气孔标准

部位	气孔要求			
	直径/mm	深度/mm	间距/mm	气孔个数
油封孔精加工圆柱面延伸 4mm 实体范围内	≤1	≤0.3	≥3	≤3
销孔精加工圆柱面延伸 4mm 实体范围内	≤1.5	≤0.8	≥3	≤3
轴承孔精加工圆柱面及底面延伸 6mm 实体范围内	≤1.5	≤0.8	≥3	≤3
悬置螺纹孔大径延伸 6mm 实体范围内	≤1.5	≤0.8	≥3	≤3
其他	≤2.5	≤1	≥3	≤3

注：1. 铸件内部不允许有裂纹、冷隔等穿透性缺陷。
　　2. 铸件进行 X 射线检测时，内部质量根据 ASTM E505—2015 等级 2 进行判断。
　　3. 铸件孔洞边缘距离铸件边缘的距离不小于 2 倍孔洞直径。
　　4. 表中描述位置指铸件实心部分 4000mm³ 体积范围内气孔数量。

2）壳体表面的划痕、压痕，既影响美观，也可能影响性能。如果壳体存在这些缺陷，说明在加工、运输过程中存在异常，因此也需要进行限制。壳体表面划痕标准见表 2-10，壳体合箱面压痕标准见表 2-11。

表 2-10　壳体表面划痕标准

部位	气孔要求			
	长度/mm	深度/mm	间距/mm	气孔个数
合箱面	≤5	≤0.3	≥10	≤3
通气阀、注放油螺塞、油塞安装面	≤3	≤0.3	≥5	≤3
定位销、油封、轴承安装面（圆柱面、端面、倒角）	0	0	0	0
其余加工面	≤10	≤0.3	≥5	≤5
其余毛坯面	≤30	≤0.5	≥5	≤5

注：1. 满足上述划痕限度后，应满足壳体强度要求。
　　2. 需进行修正的划痕，修正后禁止有凸起。
　　3. 密封面不允许有贯穿性划痕。

3）对于非加工表面，其质量与模具质量和工艺水平有很大关系。壳体非加工面缺陷种类很多，也需根据不同类型进行分级控制。其缺陷等级主要有 A、B、C 三个等级，见表 2-12。

表 2-11　壳体合箱面压痕标准

部位	点/圆压痕		长压痕	
	直径/mm	间距/mm	尺寸/mm	间距/mm
合箱螺栓内侧（孔中心偏内腔方向）	≤1	≥5	—	—
合箱螺栓外侧（孔中心偏大气方向）及其他区域	≤2	≥5	长≤5，宽≤2	≥5

注：1. 压痕不能出现凸出合箱面缺陷，压痕坑内不能有异物。
　　2. 合箱面不能出现贯穿式压痕。
　　3. 长压痕的纵向长度≤2mm。

表 2-12　壳体非加工面缺陷等级

缺陷	要求	缺陷等级			备注
		A/mm	B/mm	C/mm	
流痕	深度	≤0.05	≤0.07	≤0.15	—
	面积≤总面积	1%	3%	5%	
冷隔	所在面上允许的数量	不允许	≤2	≤3	1）在同一部位对应处不允许同时存在 2）长度是指缺陷流向的展开长度
	长度（展开直线）		≤10	≤15	
	深度		≤1/5 壁厚	≤1/4 壁厚	
	两冷隔间距		≥10	≥10	
	离缺陷所在面边缘距离		≥4	≥4	
黏附物痕迹	整个铸件		1 处	2 处	
	占带缺陷表面面积		≤2%	≤5%	
边角残缺	边长≤100mm	≤0.2	≤0.5	≤1.5	
	边长>100mm	≤0.3	≤0.8	≤2	
拉伤	深度	≤0.04	≤0.08	≤0.12	—
凹陷	深度	≤0.1	≤0.2	≤0.3	
网状毛刺	凸起或凹下	不允许	≤0.1	≤0.1	
清理痕迹	凸起或凹下	≤0.5	≤0.2	≤0.2	基准面/配合面不允许有任何凸起
裂纹	不允许	不允许	不允许	不允许	
表面龟裂	长度小于 15mm 的个数	不允许	≤2	≤3	—
	长度小于 30mm 的个数	不允许	≤1	≤2	
缺陷综合	面积≤总面积	2%	5%	8%	

注：减速器壳体外表面为 C 级；减速器壳体内表面为 B 级；电动机筒内外表面为 B 级。

4）表面龟裂纹须在壳体抛丸前参照图例和判定标准进行分级判定。壳体龟裂纹判定标准见表 2-13，壳体龟裂纹判定参照图例见表 2-14。

表 2-13　壳体龟裂纹判定标准　　　　　　　（单位：mm）

级别	判断	说明
A	好	表面呈稀疏的如龟纹状的凸凹网纹，0<高度≤0.2，0<深度≤0.2
B	良好	表面呈少数的如龟纹状的凸凹网纹，0.2<高度≤0.5，0.2<深度≤0.5
C	较好	表面呈较少数的如龟纹状的凸凹网纹，0.5<高度≤1，0.5<深度≤1
D	一般	表面呈较多的如龟纹状的凸凹网纹，1.0<高度≤1.5，1.0<深度≤1.5
E	差	表面呈很多的如龟纹状的凸凹网纹，高度>1.5，深度>1.5

注：1. 龟裂纹形状各异，上述龟裂纹是指发生在非功能区。当龟裂纹发生在功能区时，虽然凸出高度符合上述标准，但是如果影响装配，则需打磨处理。

2. 龟裂纹一般是成线形而不能成片状，即产品表面不能因为龟裂纹而缺了一片。

3. 产品表面（进料区/浇口区域除外）龟裂级别多数应符合 C 级及以上（个别异常点例外），而产品特殊部位如进料区/浇口区域附近可按照 D 级进行评判。当模具寿命大于 3.7 万模时，需重点关注龟裂纹是否达到 E 级。如有上述 E 级状态，需对模具进行调整，压铸产品要提交特别申请才能使用。

表 2-14　壳体龟裂纹判定参照图例

等级	图例		
A			
B			
C			

（续）

等级	图例
D	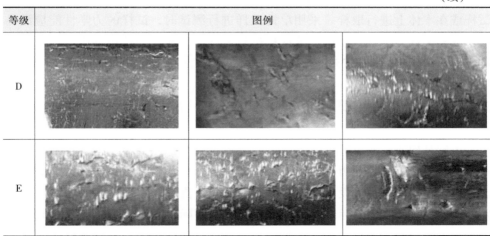
E	

5）壳体加工完成后，需进行气密性测试。减速器内腔和电动机内腔的气密性要求是不同的。如果采用主动润滑方式，内部油路的要求也不相同。有缺陷的壳体，可以采用浸渗方式进行修复，但对浸渗条件和浸渗剂有一定的限制，具体参考要求见表 2-15，也可根据产品不同或客户要求不同进行定义。

表 2-15　壳体气密性测试标准和浸渗要求

位置	充气压力/kPa	充气时间/s	保压时间/s	检测时间/s	判断标准（泄漏量）/(mL/min)
减速器端	50	25	10	5	≤6
电动机端	200～300	15～30	30	10～50	≤1.6
内油道	200～300	15～30	30	10～50	≤1.6

注：1. 对于泄漏量特别大（压降>100Pa）的产品，应直接将其报废。
　　2. 电动机筒端泄漏不允许浸渗。
　　3. 减速器壳体允许浸渗一次，浸渗处理后，需再次进行气密性检验。合格产品在壳体指定位置做浸渗标识，仍不合格的产品应进行报废处理。浸渗后的壳体应确保在140℃的条件下浸渗剂不脱落。浸渗剂须满足耐温性和耐油性。

6）为保证壳体表面有良好的外观，需要对飞边、毛刺等铸造缺陷进行清理。其中，铸件的浇口、溢流口、飞边等必须清理干净，允许的残痕高度≤1mm；铸件非加工表面上允许存在有轻度的网状毛刺，高度≤0.2mm，由推杆造成的痕迹，其凸出高度或陷入深度≤0.5mm，毛孔毛刺及隔皮经清理后允许的痕迹≤0.4mm；铸件表面粗糙度 Ra 值≤12.5；铸件的最大错型值为 1mm。

7）铸件的成品需进行力学性能测试。进行力学性能试验时，可以采用单铸试样或在本体上进行取样。采用单铸试样进行测试时，试样的力学性能应满足材料的相关性能标准，使用本体取样进行测试时，材料的抗拉强度可以低于标准，但不能低于标准的 75%。

2.2　齿轮设计和花键设计

齿轮是构成减速器的核心零件之一，作为一个古老的传动元件，最早出现在公元前 300 年，因其历史悠久，并且应用场合广泛，其设计、制造能力早已成熟，各种标准，生产设备应有尽有。但新能源汽车的出现对其提出了许多特殊的要求，按照当前的标准等级（国家标准、国际标准）生产出来的齿轮不能完全满足客户的使用需求。为了解决齿轮的各种质量问题，新增了许多检测项次，如三截面、V 值、傅里叶等。这些新增的检测内容，有些影响生产节拍和成本，有些需要投入专用设备和工装。

2.2.1　齿轮的参数设计

新能源汽车减速器的设计开发，要求高转速、低噪声，这些性能虽然与壳体刚度、整车动力匹配等也有相关性，但最直接的影响因素还是齿轮的宏观参数。如果宏观参数太差，完全靠修形来改善传动质量，有时是很难实现的，即便实现了，修形量也会大得离谱。

齿轮的宏观参数主要有：齿数、传动比、模数、压力角、中心距、螺旋角、重合度和变位系数。

1）齿数：在齿轮整个圆周上轮齿的总数。

2）传动比：即速比，是一对相啮合的齿轮，其从动齿轮齿数与主动齿轮齿数的比值。

3）模数：在分度圆（齿轮计算基准圆）上，齿距与 π 的比值，单位为 mm。对于斜齿轮，指的是其法向模数。模数是决定齿轮尺寸的一个基本参数，齿数相同的齿轮，模数越大，尺寸也越大。不同模数的齿轮如图 2-37 所示。

4）压力角：即分度圆压力角（斜齿轮的法向压力角），齿轮的齿廓为渐开线，渐开线齿廓上某点的法线与该点的速度方向所夹的锐角称为该点的压力角。齿廓上各点压力角是变化的。

5）中心距：一对相啮合的齿轮，其两条中心线的距离。与减速器的尺寸和重量有直接的关系。

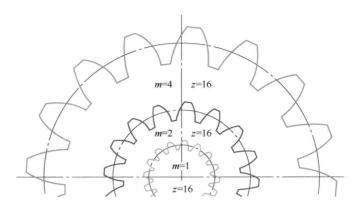

图 2-37　不同模数的齿轮

6）螺旋角：斜齿轮的齿廓曲面与其分度圆柱面相交的螺旋线的切线与齿轮轴线之间所夹的锐角称为斜齿轮分度圆柱上的螺旋角，简称为斜齿轮的螺旋角。顺着轴线看，轮齿向右倾斜即为右旋，轮齿向左倾斜即为左旋。由于螺旋角的存在，使得直齿轮和斜齿轮齿面上的接触线有所差异，如图 2-38 所示。

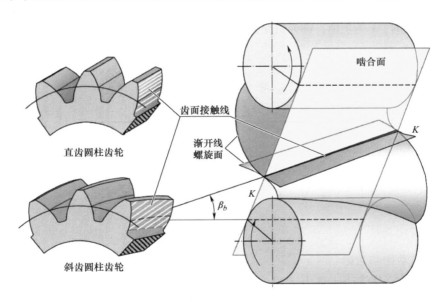

图 2-38　直齿轮和斜齿轮的接触线

7）重合度：重合度分端面重合度和轴向重合度。端面重合度为齿轮端面内，实际啮合线长度与基圆上齿距之比，轴向重合度为由于轮齿倾斜，轮齿在端面上投影下来的长度与基圆上的齿距之比。直齿轮和斜齿轮的重合度差异如图 2-39 所示。

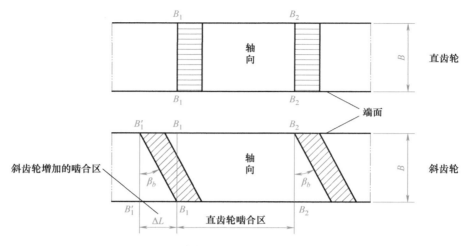

图 2-39　直齿轮和斜齿轮的重合度差异

8）变位系数：齿条刀具分度线与齿轮轮坯分度圆的距离 xm 称为变位量，m 为齿轮模数，x 为径向变位系数，刀具远离齿坯时，x 为正值，称为正变位；反之，刀具靠近齿坯时，x 为负值，称为负变位。不同变位系数的齿形如图 2-40 所示。

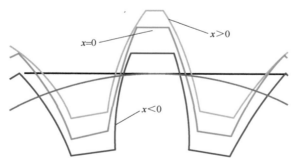

图 2-40　不同变位系数的齿形

1. 传动比和齿数

齿轮箱的总传动比是由客户提出，对于两级传动比如何分配，并没有明确的要求，但受高速级主动齿轮的齿数和尺寸的影响，通常高速级齿轮传动比比低速级齿轮传动比稍小。首先，影响高速级主动齿轮齿数的根本原因是电动机的阶次，电动机的磁极对数通常是 3 对（6 极）或 4 对（8 极），工作时会产生 6 阶或 8 阶的阶次噪声。为了避免与电动机的 24 阶发生共振（6 阶 4 倍频和 8 阶

3 倍频），通常高速级主动齿轮尽量不选择 22~26 齿。如果选择少齿数，有时会造成齿根圆太小，布置困难，同时也会影响重合度，为此，通常选用多齿数。要注意的是，二级齿轮的阶次也要规避与电动机阶次的共振问题。如果高速级传动比太大，会造成要么主动齿轮直径很小，要么从动齿轮尺寸很大，既影响设计加工，也影响整体布局，都不太合理。齿轮阶次计算方法见表 2-16。

表 2-16　齿轮阶次计算方法

参数	电动机轴	高速级		低速级	
齿数	1	z_1	z_2	z_3	z_4
阶次	1	z_1		$z_3 z_1 / z_2$	

2. 齿形参数

传动比确定之后，应选择齿形参数。对于乘用车变速器（减速器）来说，齿形一直以来都是选用细高齿（小模数、小压力角、大齿顶高系数），目的是为了提升重合度，降低啮合冲击。其中，轴向重合度（ε_β）对接触线影响较大，轴向重合度越大，接触线变动量越小，综合重合度（$\varepsilon_\gamma = \varepsilon_\alpha + \varepsilon_\beta$，$\varepsilon_\alpha$ 是端面重合度）最好取整数，降低由于啮合齿数变动产生的波动导致的噪声问题。

重合度除了与齿数、压力角、齿顶高系数等有关外，还与螺旋角和齿宽有较大的关系，但过大的螺旋角会产生较大的轴向力，对轴承的选型不友好。太大的齿宽又可能产生偏载影响齿轮的啮合情况，这两个因素应做综合考虑，一般会选择齿宽大一点，通过修形来减小偏载。

对于中心距，通常考虑减速器边界和整体布局后，结合强度需求并考虑现有刀具等综合因素进行选择。中间轴尽量布置在输入输出中心连线的下部，有利于齿轮的润滑。中间轴的布置位置如图 2-41 所示。

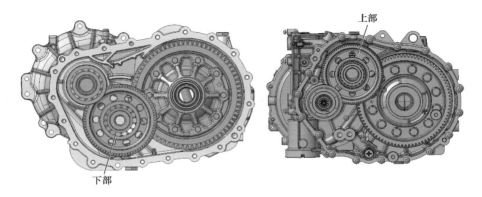

图 2-41　中间轴的布置位置

除以上参数外，其他基本参数可参考齿轮基本宏观参数表（见表2-17）进行选择。由于高速级扭矩小，可选较大齿顶高系数，低速级扭矩大，可选较大模数，总体而言，取中值即可。

表 2-17　齿轮基本宏观参数表

齿轮转速等级	齿顶高系数	模数/mm	压力角/(°)	螺旋角/(°)
高速级齿轮	1.3~1.55	1~2	15~19	20~35
低速级齿轮	1.3~1.55	1.7~2.7	18~20	20~30

例子：某产品，要求输入花键为外花键，24齿，模数为1mm，压力角为30°，输入输出中心距为214mm，传动比为8.3±0.1，最大输入扭矩为280N·m，匹配电动机的磁极为4对极。

借用已有产品的中心距，第一级为95mm，第二级为125mm，一级主动齿轮齿数为31，大于26，齿轮阶次分别为31和9.538，避开了电动机阶次。

表2-18中齿轮重合度为没有考虑倒角的数据，如果去除齿顶和端面0.5mm倒角，一级齿轮端面重合度为2.012，轴向重合度为3.158，总重合度为5.17，很接近整数；二级齿轮端面重合度为2.003，轴向重合度为2.137，总重合度为4.14，也很接近整数，建议总重合度控制在整数±0.2以内。

表 2-18　算例参数

	位置/类型	减速器/外花键	电动机/内花键
输入花键	定心方式	齿侧定心	
	齿数	24	
	模数/mm	1	
	压力角/(°)	30	
	变位系数	0	
	大径/mm	$25_{-0.1}^{0}$	
	小径/mm	$22.5_{-0.25}^{0}$	
	有效长度/mm	30	
	材料	20CrMnTi	
	硬度 HRC	58~63	

（续）

	位置/类型	减速器/内花键	半轴/外花键
差速器输出花键	定心方式	齿侧定心	
	齿数	26	
	模数/mm	1	
	压力角/(°)	45	
	变位系数	0	
	大径/mm	$27.2^{+0.14}_{0}$	
	小径/mm	$25.22^{+0.13}_{0}$	
	有效长度/mm	15	
	材料	20CrMnTi	
	硬度 HRC	58~64	
一级齿轮	类型	主动	从动
	一级齿数	31	78
	模数/mm	1.51	
	压力角/(°)	16.3	
	螺旋角/(°)	31.1	
	齿顶高系数	1.44	1.44
	变位系数	0.196	-0.89237
	轴向重合度	3.267	
	端面重合度	2.242	
	总重合度	5.509	
	一级中心距/mm	95	
	齿宽/mm	31.5	30
	大径/mm	59.49	139.09
	小径/mm	49.492	129.542
	齿厚/mm	1.584	2.545
	材料	20CrMnTi	
	硬度 HRC	58~64	

（续）

	类型	主动	从动
二级齿轮	二级齿数	24	79
	模数	2.272	
	压力角/(°)	19.6	
	螺旋角/(°)	22.72	
	齿顶高系数	1.47	1.35
	变位系数	0.118	-0.891
	轴向重合度	2.191	
	端面重合度	2.154	
	总重合度	4.345	
	二级中心距/mm	125	
	二级齿宽/mm	44	40.5
	大径/mm	66.1	196.48
	小径/mm	32.824	151.844
	齿厚/mm	3.76	2.127
	辐板厚度/mm	无	12
	材料	20CrMnTi	
	硬度 HRC	58~64	

2.2.2 齿轮加工和质量判断

1. 齿轮加工

新能源汽车减速器齿轮的齿面精加工，主要是靠磨齿实现。现在也有许多企业采用强力珩齿工艺。两种工艺各有优缺点，磨齿机对齿轮外径尺寸没有限制，但轴向需要一定的让刀空间，强力珩可以磨距离很近的双连齿轮，轴向尺寸要求不高，但由于其采用内齿圈结构，对齿轮的外径有限制，精度较磨齿稍差。

（1）蜗杆砂轮磨齿　蜗杆磨是最常用的齿轮精加工工艺。其原理与滚齿机相似（见图 2-42），主要由机床本体、工作台、砂轮架、磨削液系统、控制系统等组成。其中，砂轮架可以沿着工作台的 X 轴和 Z 轴移动，使得砂轮可以对工件进行精准的磨削。砂轮为大直径单头（或多头）蜗杆形状，砂轮每转一转，工件转过一齿，其传动比准确，有的用机械传动，有的用同步电动机分别驱动，有的用光栅和伺服电动机传动。磨削时砂轮作用于工件，会产生一定的热量和机械应力，导致工件表面的金属分子发生位移和塑性变形。通过这种变形，在磨削的同时逐渐从工件表面移除一定的金属，实现对齿轮的修整和加工，工件沿轴向作进给运动，

图 2-42　蜗杆砂轮磨齿

以磨出整个齿面。砂轮用金刚石车刀车削或用滚压轮滚成蜗杆形。机床为立式布局，连续分度，磨削效率高，适用于成批生产中加工中等模数的齿轮。对齿数多的齿轮尤为合适，精度可达 4 级。为了保证蜗杆与蜗轮之间的传动精度，磨削时需要特别注意控制磨削压力、磨削深度和磨削速度等参数。同时，为了防止磨削过程中产生的热量对工件产生不良影响，还需要使用适量的磨削液进行冷却和润滑。

（2）强力珩齿　这里说的强力珩与平时说的珩齿不是一回事。平时说的珩齿是软珩齿，原理是，应用齿轮形或蜗杆形珩磨轮与被珩齿轮作自由啮合运动，相当于一对交错轴斜齿轮传动，利用啮合齿面间的相对滑动和压力来进行珩削，主要用于淬硬齿轮的齿面光整加工（见图 2-43）。珩磨轮采用具有一定弹性的合成树脂或人造橡胶制成，具有一定的弹性。在自由啮合状态下，珩磨轮主要起光整作用，去除余量小，对齿轮精度的修正能力有限，误差复映现象难以克制，齿轮的精度主要取决于前道切齿和热处理精度。

强力珩是利用高速旋转的珩轮对齿轮表面进行连续磨削和抛光，以达到高精度的加工要求。加工原理是交错轴齿轮内啮合，珩磨轮位于外侧，固定在机床珩磨头上，被加工工件位于内侧，固定在主轴上。珩磨轮对工件进行加工时，珩磨轮齿面与工件表面共轭接触，包络出工件渐开线齿面。珩磨轮表面随机磨粒相当于一个个细小特殊切削工具压入工件表面，通过齿面间相对滑移对工件表面材料进行去除。加工时工件在轴向进行往复振荡，以这种轴向切削和径向切削配合加工出工件表面形状，如图 2-44 所示。

图 2-43 软珩齿

图 2-44 强力珩

珩齿的齿面纹路有利于降低齿轮的振动噪声，振动噪声一直是精密齿轮传动装置的一项关键考核指标。大量的试验研究表明，齿面纹路对齿轮振动噪声影响巨大，尤其是高速传动装置，不合理的齿面纹路将造成高频谐振。珩齿时，珩磨轮和齿轮呈交错轴啮合状态，沿齿形方向的相对滑动和沿齿宽方向的相对滑动复合形成特有的珩齿弧纹。与蜗杆磨相比，蜗杆磨的齿面纹路更有规律性，易产生鬼频，而珩齿纹路相对更无序，这种纹路可大大降低齿轮传动噪声。磨齿纹路如图 2-45 所示，珩齿纹路如图 2-46 所示。

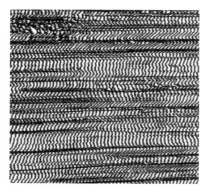

图 2-45 磨齿纹路

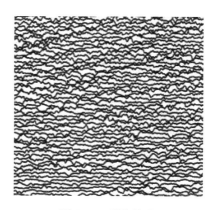

图 2-46 珩齿纹路

2. 零件的质量判断

（1）材料的性能　齿轮的常用材料为低碳合金钢（20CrMnTi、20CrMoH、35CrMo）经渗碳淬火（或碳氮共渗）处理，热处理对产品的性能影响很大，因此对热处理结果应严格检测。

1）芯部硬度：通常要求，芯部硬度最好控制在 36～38HRC。该范围性能最好，最大不得超过 45HRC。如果芯部硬度超上限，应该对表面硬度整体检测，因为有可能某些地方的硬度更高。齿轮芯部硬度的测量位置为齿根圆和齿厚中线交点。

2）表面硬度：通常要求控制在 58～63HRC，如果低于 56HRC，强度会降 10%，不可接受，最低可放宽到 57HRC。硬化层深主要根据模数和分度圆齿厚来设定，控制在 0.4～0.7mm。表面氧化层厚度，0.02mm 以内可以接受，最好能采用真空炉，不会产生氧化层。对于 20CrMnTiH 材料，其 J9 值为 30～36HRC，小产品选硬度小的，大产品选硬度大的。

3）强力喷丸：是提高轮齿强度的常用方法。可以在磨齿之前喷丸也可以在磨齿之后喷丸：如果只是为了提升齿根弯曲强度，通常只强喷齿根圆弧，磨齿前后强喷都不影响；如果是为了提升齿面接触强度，最好磨齿后强喷，因为磨齿之前强喷，磨齿会降低喷丸效果。要注意的是，磨齿后强喷会影响齿轮精度，大概会降低 1 个等级。通过控制喷丸覆盖率（200%）来保证喷丸质量，通过测弧高值（强力喷试片进行测量）和零件应力值（红外线测量）判断其性能。喷丸后，半年之内压应力会减少 5% 左右。

（2）齿面精度　减速器 NVH 的好坏，最直接的影响因素就是齿轮的传动效果，而影响齿轮传动效果的第一决定因素就是齿面质量。根据 GB/T 10095.1—2022，齿轮精度控制的项目有几十项，其中主要关注的项目共 10 项，分别是齿距累积总偏差（F_p）、单个齿距偏差（f_p）、齿廓总偏差（F_a）、螺旋线总偏差（F_β）、径向跳动（F_r）、一齿径向综合偏差（f_{id}）、齿廓形状偏差（f_{fa}）、齿廓倾斜偏差（f_{Ha}）、螺旋线形状偏差（$f_{f\beta}$）、螺旋线倾斜偏差（$f_{H\beta}$）。

在实际的使用过程中，除了对上述精度进行控制外，由于齿面通常都进行了修形，所以还会关注齿廓鼓形量（C_a）和螺旋线鼓形量（C_β）。为了保证全部齿面的一致性，还要评价多个轮齿齿廓和螺旋线的形状偏差量及单个齿面齿廓方向和齿宽方向三截面的形状偏差量（V）。为了满足三截面的相关要求，砂轮寿命和生产节拍都有较大影响。图 2-47 所示为采用普通磨齿工艺和采用三截面磨齿工艺加工的齿轮检测报告对比。可以看出，采用三截面磨齿的产品一致性更好。此外，为了规避鬼频，齿面波纹度也是一个重要的控制指标。

齿轮设计时，GB/T 10095.1—2022 上包含的精度，通常直接选择级别就可以；对于国标上没有，但又需要控制的几个参数，需要根据实际使用情况进行确定。不同的产品要求也不同，没有特别明确的规律，具体情况如下：

1）V 值，主要评价单个齿面和多个齿面在齿廓和齿向方向的一致性。对这个参数进行要求，目的是防止出现齿面向不同方向倾斜，散差太大，齿轮运行过程中不够平稳进而引起 NVH 问题。该值通常可按 ±5μm 要求，根据实际验证情况，可加严或放宽。

2）三截面，主要评价单个齿面在齿廓和齿向方向的精度情况。这个是对国标精度要求的补充，因为国标通常评价的是齿面的中间位置，忽略了其他大部分面积，而齿轮啮合过程中是整个齿面都参与的，用齿面中部的好坏来代替整个齿面的情况是过于想当然了。齿轮评价增加三截面，对改善产品的 NVH 肯定是有利的，但它的问题也是很明显的，那就是增加了刀具的磨削频次，降低了刀具的使用寿命，增加了生产成本。

3）鼓形量，这个属于齿面修形的要求，主要目的是改善齿面接触质量。在设计时可以模拟不同鼓形量对传递误差的影响，来确定相应的公差，其公差可按 ±2μm 来控制。

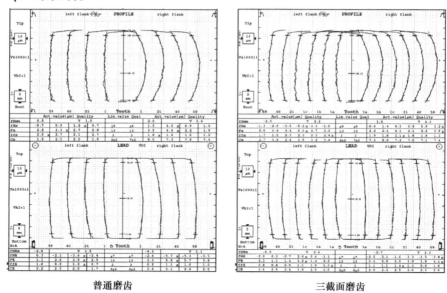

普通磨齿   三截面磨齿

图 2-47　普通磨齿和三截面磨齿

2.2.3　齿轮异响分析及措施

1. 鬼频

鬼频是指齿轮啮合过程中表现出来的异常阶次频率（齿轮啮合频率的非整数倍频率），是由于齿轮齿面在加工过程中产生的振纹引起的。当振纹主频与齿轮啮合频率或转轴旋转频率一致时，会在一定程度上影响齿轮啮合阶次追踪幅值、轴频阶次追踪幅值。该问题主要与磨齿设备本身的阶次频率有关，经常发生在更换设备的情况下。金刚轮的磨损、砂轮动平衡过大、机床主轴的窜动、机床导轨刚度不够、刀具夹具的刚性及切削参数是否合理等也会引起该问题。由于产品下线检测通常主要关注齿轮啮合特征频率，而这种异常频率存在不确定性和未知性，无法提前设定监控标准，往往最先发现在客户端，出现即是批量质量问题，损失很大。因此选用合适的磨齿设备，提高砂轮的耐磨性，增加坯料、刀具装夹系统的刚度，增加机床导轨的刚度以及优化加工参数在新能源乘用车减速器齿轴加工中尤为必要。

在齿轮啮合过程中，啮合轨迹通过波纹，就会表现出阶次声。如果每个齿面上的波纹相同，即波纹间距等于啮合线长度时，表现出来的就是齿轮啮合阶次的倍频；如果波纹间距大于或小于啮合线长度时，就会表现为鬼频，齿面波纹与啮合轨迹如图 2-48 所示。

在加工过程中，由于零件的安装误差，产生的波纹与轴线的夹角也会有差异。波纹可能与齿向平行，也可能与齿廓平行。为了能有效识别波纹，对齿形和齿向方向的精度数据都需要检测。

鬼频的识别，主要借助克林贝格的齿轮测量中心，对齿轮的全部轮齿进行精度检测。然后进行傅里叶变换，可以得到每个齿轮啮合过程中存在的阶次频率和振动幅值。通过全齿面拓扑图（见图 2-49），也可以看到啮合接触线和波纹线的方向。由于齿轮是单个检测的，所以得出来的阶次频率是齿轮本身的阶次频率，要换算为减速器的阶次频率。

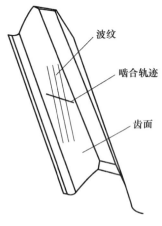

图 2-48 齿面波纹与啮合轨迹

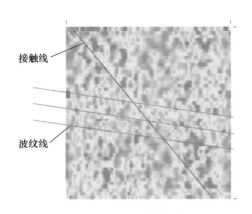

图 2-49 全齿面拓扑图

47

　　某减速器总成，齿轮阶次数据见表 2-19。总成下线测出有 27 阶异常，对其零件进行了傅里叶检测。由检测结果可以看出，一级齿轮，无论是一级主动齿轮（见图 2-50）还是一级从动齿轮（见图 2-51）都没有与换算的问题阶次相关的阶次频率，故问题与一级齿轮无关；而二级齿轮，算出的问题阶次刚好是基频的 4 倍频，倍频能量比主频低很多，通常不会表现出来，但由检测数据可以看出，二级主动齿轮（故障件）（见图 2-52）的 4 倍频附近有明显的边频，幅值也都很接近，且较大（超过了 0.1μm），二级从动齿轮（图 2-53）的 4 倍频附近很干净，没有边频，幅值也相对较低（小于 0.1μm）。问题的主因有可能是二级主动齿轮，应该是在边频的激发下，4 倍频才表现出异常，重新挑选了一个二级主动齿轮（正常件），检测结果如图 2-54 所示。由检测数据可以看出，该产品的 4 倍频在齿向方向也比较大（超过了 0.1μm），但没有边频，进行 ABA 互换，发现 27 阶异响确实与该零件有直接相关性。

表 2-19　减速器齿轮阶次数据

齿轮		齿数	零件本身阶次	减速器阶次	问题阶次	问题阶次与主阶次倍数	换算到零件阶次
一级	主动齿轮	21	21	21	27.125	1.292	27.125
	从动齿轮	65	65				83.96
二级	主动齿轮	21	21	6.78		4	84
	从动齿轮	74	74				296

　　图 2-50~图 2-54 所示为利用傅里叶变换对某项目的齿轮齿面波纹进行检测的波纹谱报告（spectrum of the ripple）。主要检测的是齿轮齿面波纹引起的阶次振动，横坐标为单个齿轮阶次，纵坐标为振动幅值，单位为 μm，采用的是高阶评价方法（way of evaluation：high orders），低通滤波（low-pass filter RC），不考虑修形误差，此为软件定义。分别对右齿廓（profile right）、左齿廓（profile left）、右齿向（helix right）和左齿向（helix left）进行检测，ep 为端面重合度，lo 为齿廓评价起始点，lu 为齿廓评价终止点，el 为轴向重合度，zo 为齿向评价起始点，zu 为齿向评价终止点，O 和 A 为阶次对应的幅值由大到小的排序。

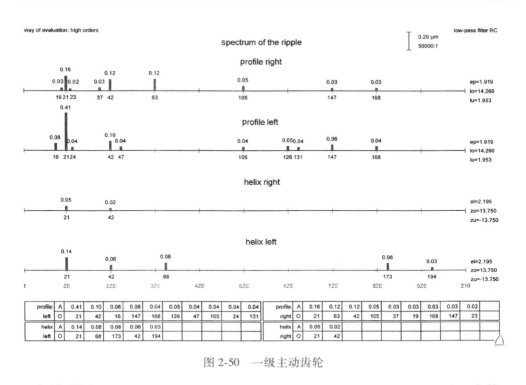

图 2-50　一级主动齿轮

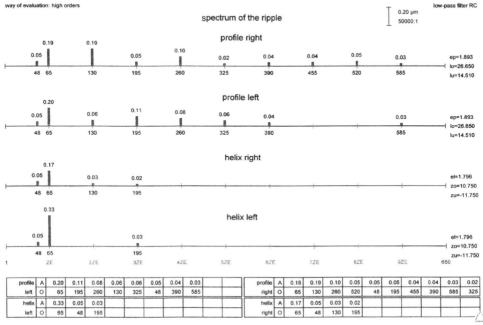

图 2-51　一级从动齿轮

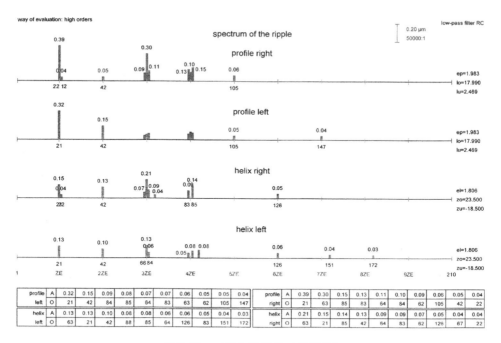

图 2-52 二级主动齿轮（故障件）

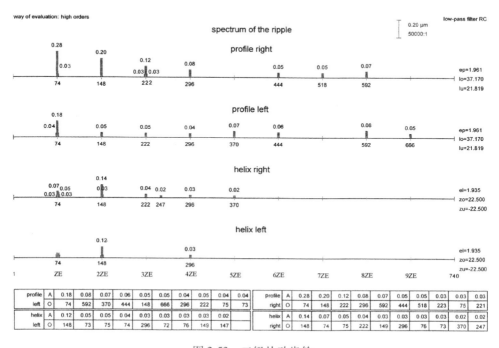

图 2-53 二级从动齿轮

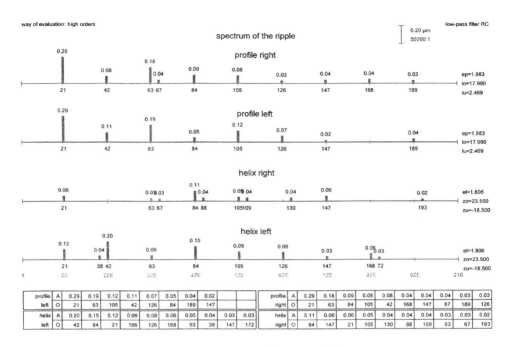

图 2-54　二级主动齿轮（正常件）

可以看出，基频的幅值尽管很高，有的甚至超过了 0.4μm，但在总成上并不总是会表现出异常。而杂频的幅值即便很低，有的甚至不到 0.1μm，也可能会表现出异常，尤其是附近有边频时，更容易被激发出来，这种情况应该特别引起重视。为了减速器有较好的 NVH 表现，在齿轮的傅里叶检测中，要求齿轮基频的幅值应控制在 0.3μm 以内。越低效果越好，倍频控制在 0.2μm 以内，杂频或边频应尽量消除。如遇到确实无法降低或消除的情况，可通过试验进行验证。

2. 敲击异响

有时候，产品在运行过程中会出现"哒哒哒"的低频异响，检测齿轮精度，完全无异常，也没有磕碰的痕迹。此时可以排查一下倒角的加工工艺，如果齿轮的齿顶和侧边的倒角采用挤棱工艺时，有可能会在齿顶和齿根的交界处挤出高点，如图 2-55 所示。该点在检测时无法识别，如果磨齿时没有磨削干净，当齿轮啮合时，会与齿面接触，产生异响。由于通常从动齿轮比主动齿轮短，所以该问题主要发生在从动齿轮上，较好的办法是采用磨棱的工艺，可有效解决该问题。

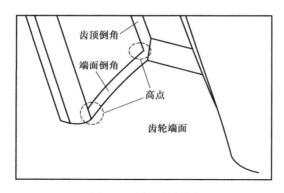

图 2-55　齿面挤棱图

2.2.4　花键设计

减速器内部的花键配合，主要出现在三个位置：一个是输入轴与电动机的配合花键，一个是一级从动齿轮与二级主动齿轮轴之间的定位花键，还有一个是差速器半轴齿轮与传动轴的连接花键。由于位置不同、功能不同，定位方式也不同。

1. 输入轴花键

输入轴花键，与电动机轴的花键配合，把电动机的动力传递到减速器，主要传递圆周方向的扭矩。该处的花键，配合不宜过紧，因为电动机和减速器是两个独立的个体，各有轴承进行限位。如果花键配合过紧，装配时，由于零件误差，很可能造成两根轴的组合体倾斜，产生边频，并且由于配合过紧，装配也困难。因此为了保证电动机安装时，不至于过于困难，通常选用齿侧定心的间隙配合方式。

（1）花键配合与异响　尽管选用的是间隙配合，但该处的配合间隙不宜过大，否则加减速时会出现异响。某产品设计的减速器与电动机花键配合尺寸见表 2-20。样机表现良好，在量产过程中，出现整车加速无异常，当松开加速踏板滑行时，表现出不连续的"嚓嚓"声，如果此时轻踩刹车或加速踏板，异响立刻消除。经过一系列的分析，发现滑行异响主要和一级齿轮传动有关系，并最终锁定为配合花键。对花键不同的配合关系进行验证，花键侧隙与异响的关系见表 2-21。根据试验结果可以看出，当配合侧隙超过 0.16mm 时，将会有明显的不连续异响，间隙越小，效果越好。为了利于生产，至少应控制在 0.15mm 以内。

表 2-20　减速器与电动机花键配合尺寸

花键类型	外花键（减速器）	内花键（电动机）
齿数	22	22
模数/mm	1	1
压力角/(°)	20	20
理论齿厚/mm	2.084/2.038	2.180/2.153
侧隙/mm	0.069~0.142	

表 2-21　花键侧隙与异响的关系

编号	花键配合侧隙/mm	试车噪声结果
1	0.085	优
2	0.169	滑行异响声音很大
3	0.165	滑行异响较差，但比 2 号声音小
4	0.157	有异响，可接受
5	0.167	滑行异响声音很大
6	0.251	滑行异响声音很大
7	0.08	优

（2）花键精度与异响　减速器的输入轴通常选用低碳合金钢渗碳淬火处理工艺。结构有内花键也有外花键，但无论哪种结构，热处理后，都会有较大变形，精度也会有所降低，无法达到 6 级精度。如果花键过长且模数过小的话，齿向方向上变形量会更大，这也必然会对电动机轴的安装产生影响，有时还会表现出 1 阶的边频，在工艺水平无法达到 6 级精度的情况下，最大可以放宽到 7 级精度。

外花键的加工，采用的方法比较多，有搓齿、插齿和滚齿三种工艺。搓齿工艺加工的产品质量最差，不仅会造成花键两端塌陷，有效长度变短，齿距累积偏差还很不稳定，热处理后齿向混乱不可控；插齿工艺加工的产品质量较好，热处理前精度可达 6~7 级，热处理之后会降 1 级；最好的是滚齿，热处理前精度可达 5 级，如果要求高，可在热处理后再增加一道精滚，缺点是受滚刀尺寸影响，花键端部要预留让刀空间。对于外花键，一味追求高精度是不可取的，可考虑通过改变结构来提升装配质量，推荐的方案是对花键齿向进行修形，做

20μm 的鼓形，如图 2-56 所示，投入不大，但效果很好。

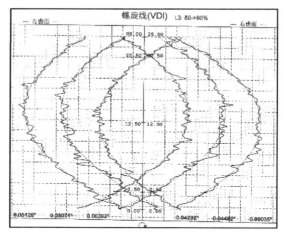

图 2-56　花键鼓形

　　内花键主要采用拉齿或插齿。拉花键的一致性更好，热处理前精度可达
5~6 级，热处理之后会降 1~2 级。如果壁厚特别不均匀，花键会形成锥度，孔
口壁薄的位置比中部壁厚的位置尺寸变化更大，热处理花键变形如图 2-57 所示。
当前的解决办法主要是热处理后硬拉，由于热处理后产品硬度很高，对机床刚
性要求也高，就需要投入专用的设备和刀具。设备价格为 100 多万元，刀具价
格为 7 万~8 万元，正常情况下每套刀具可加工 2 万~3 万件产品。加工过程中
刀具的损耗很大，还会经常出现崩齿等意外，生产成本很高。

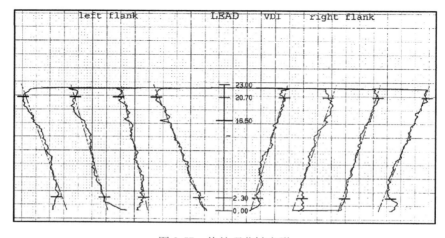

图 2-57　热处理花键变形

　　这里需要指出的是，花键装配时一定要填充锂基酯进行润滑，防止内外花键使用过程中齿面直接接触出现微动磨损，否则，使用过程中会造成花键齿面锈蚀、压溃等问题。

　　2. 一级从动齿轮花键

　　一级从动齿轮和二级主动齿轮轴之间的花键，既有定位作用，也有传力功能；既受圆周力，也受轴向力。并且，由于一级从动齿轮是先装配在二级主动齿轮轴上之后再进行磨削，所以该花键的定位精度还严重影响一级从动齿轮的齿面精度。因此该对花键应该选用齿顶和齿侧双过盈配合，齿侧的过盈配合消除圆周方向的间隙，防止减速器启动和停止过程中出现一级从动齿轮与二级主动齿轮轴圆周方向的相对运动产生敲击声。齿顶的过盈配合首先起定位的作用，为一级从动齿轮的齿面磨削提供可靠的基准；其次防止减速器启动和停止过程中出现一级从动齿轮与二级主动齿轮轴轴向相对窜动，既会产生敲击异响，也会影响一级从动齿轮的传动精度。

　　某产品，早期对标时，使用国外的设计理念，尽管不理解，也觉得不合理，但还是抛弃自家成熟的配合关系，选用了国外的间隙配合。齿顶最大间隙为 0.005mm，齿侧最大作用间隙为 0.126mm，最终造成批量异响质量问题，为此，改善了二级主动齿轮轴的外花键参数，使得齿顶最小过盈量为 0.02mm，齿侧最小作用过盈量为 0mm，有效解决了减速器启停过程中产生的敲击异响。一级从动齿轮与二级主动齿轮轴新老状态的花键配合见表 2-22。

表 2-22　一级从动齿轮与二级主动齿轮轴新老状态的花键配合

花键类型	老状态		新状态	
	外花键（二轴）	内花键（一从）	外花键（二轴）	内花键（一从）
齿数	31	31	31	31
模数/mm	1.5	1.5	1.5	1.5
压力角/(°)	30	30	30	30
齿顶圆直径/mm	48.03~48.05	48~48.035	48.055~48.070	48~48.035
作用齿厚（齿槽宽最大值）/mm	2.356	2.419	2.458	2.419
作用齿厚（齿槽宽最小值）/mm	2.293	2.356	2.419	2.356
实际齿厚（齿槽宽最大值）/mm	2.317	2.548	2.418	2.458
实际齿厚（齿槽宽最小值）/mm	2.254	2.395	2.379	2.395

2.3 轴承的选型和使用

滚动轴承是精密的机械元件，其特点是旋转精度高、低摩擦、发热量小、效率高，因此适用于高转速、低噪声、对效率要求高的场合。除了滚动轴承的力学性能与新能源汽车减速器的适用要求完美契合外，其较好的成本效益，更使其成为新能源汽车减速器的不二之选。选用的主要是深沟球轴承和圆锥滚子轴承两种，深沟球轴承主要用在高速低扭的输入轴上，圆锥滚子轴承主要用在低速高扭的中间轴和差速器上。为了满足新能源汽车减速器高转速、高效率和低噪声的要求，轴承厂家还开发了许多专用轴承，如保持架采用尼龙材料，滚动体和套圈采用低碳合金钢材料，对滚道进行结构优化和特殊热处理，改善滚动体的润滑条件，降低滚动体和套圈之间的摩擦等。

作为减速器内部的支承件和旋转件，正确的使用条件，是轴承满足使用要求，达到其使用寿命的基础，但常常会有多种原因使轴承过早损坏，不仅增加企业的售后维护成本，给企业造成严重的财产损失，还影响公司的声誉，同时也给用户带来较差的使用体验。造成轴承失效的原因主要是选型错误，因为新能源汽车的工况与传统燃油车差异较大，有时很难给出一个能兼顾各种使用环境的器件。此时，即便设计计算能够满足整车厂要求，却可能并不能满足终端消费者的使用要求。在选型无误的情况下，清洁度超标和异物侵入在轴承失效中占比最高，其次是润滑不良，还有就是配合不良，安装、使用不规范等因素，有时是多种原因的共同作用。轴承失效原因分析如图 2-58 所示。

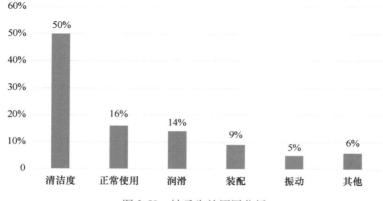

图 2-58　轴承失效原因分析

1）清洁度不良：轴承失效后，供应商分析原因时，99%的结果都是异物侵入，清洁度超标。通常认为是轴承厂家推卸责任。其实，滚动轴承的精密度很高，尤其是高速轴承，对异物十分敏感，各种金属、非金属颗粒等异物侵入轴承内部都很容易使其过早失效。生产过程中误入的异物及齿轮磨合后产生的金属粉末与润滑油脂混合后很容易产生油污泥，油污泥的形成和堆积能造成许多不良后果：其一是硬而胶性的堆积物在滚动体和滚道上形成时，占据了轴承内部一部分空间，迟缓了热量的传递和散发，在工作负荷下滚动体滚过这些沉积物时，工作应力大为增加，使轴承的正常疲劳寿命减小；其二是滚动体运转不良，造成保持架受力过大，发生疲劳，继而使整个轴承彻底损坏。

2）润滑不良：润滑不良的因素有很多，有可能是油路设计问题或者油路堵塞，也有可能是润滑油量或性能的问题。润滑不良会造成轴承内部过热，轴承长期过热会引起表面变色（暗蓝、蓝黑等）。过热不仅能使保持架严重氧化、烧蚀，同时也能使滚动体、滚道退火软化，甚至咬死。

3）装配不良：因为测量不准确、检查不仔细或清洗安装不认真等引起的轴承损坏，即装配质量直接影响着轴承使用寿命。比较典型的情况有：①暴力装配引起保持架及滚动体损坏。减速器合箱时，如果壳体上轴承孔与轴承对中不良，会造成合箱困难，敲击壳体暴力装配，会造成保持架和滚动体损坏，使轴承过早失效。②装配太紧引起过热。这可能是由于轴承压装在过紧的轴颈上而引起的内圈膨胀，或是轴承座孔径太小而引起外圈的收缩所导致的径向压紧，也可能是轴向装压过紧，这些情况都会导致轴承内部游隙减小，应力增大，进而造成使用过程中由于过热而失效。③轴承内圈在轴颈上打滑而引起的内圈磨损（跑内圈）。这主要是因为轴承内圈与轴的装配配合不当，或由于轴本身的材质不良和轴的表面加工不良，在两者之间出现微量滑动，导致拉毛发热，由此而产生的微小金属碎屑将在接触面上被撕裂下来，而这种金属碎屑又将作为磨料使接触面进一步受到磨损。更为严重的是这些金属磨料还有可能进入轴承内部，使滚动体和滚道也都受到破坏。④轴承外圈在轴承座孔内转动而引起的外圈磨损（跑外圈）。该问题比较常见，这主要是因为轴承座内孔加工不良，因而造成外圈在轴承座内快速旋转，这种情况的出现同样会导致轴承过热和更为严重的后果，不过，由于轴承外圈和轴承座孔通常是过渡配合，轻微的磨损是允许的。

2.3.1　使用工况

在新能源汽车减速器的各种失效案例中，轴承失效占的比例最高，因为，相比于传统变速器，在新能源汽车减速器当中，轴承的工况更加恶劣，高转速、重载荷、大冲击是其主要影响因素。首先，输入轴轴承转速为 12000r/min 以上，最高转速已经突破了 20000r/min，而传统变速器最高转速为 6000r/min，相差巨大。其次，由于新能源汽车减速器结构紧凑，使得轴承尺寸受限，并且为了提升效率，通常全部或大部分选择球轴承，又由于轴承紧邻齿轮，支承力臂很短，这就造成随着输入扭矩不断增加，轴承很难兼顾高速和重载的要求。相同输入扭矩的减速器和变速器结构对比如图 2-59 所示，轴向尺寸相差了近 2.6 倍，传统变速器转速低，用了更多锥轴承。

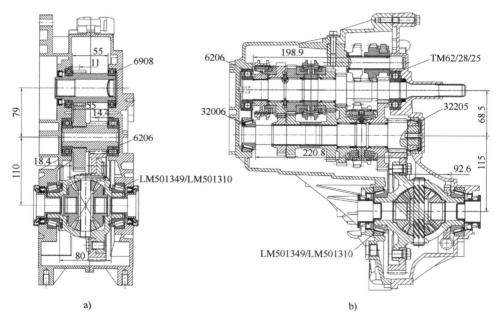

图 2-59　相同输入扭矩的减速器和变速器结构对比
a）减速器　b）变速器

　　新能源汽车最大的特点就是加速性好，这主要归因于电动机的快速启动性能。电动机的工作特点是启动快，并且能瞬间达到最大扭矩，这就会对减速器输入轴造成较大冲击。很可能在润滑油还没到位的情况下，轴承已经承受了最大载荷，很容易拉伤轴承。电机特性曲线如图 2-60 所示。基于以上几点因素，轴承选型时，要特别慎重。轴承是否满足使用寿命，这个是需要轴承供应商进行校核计算的，但前提是一定要沟通清楚每一个细节，尤其是清洁度、安装方式、使用工况等，避免后续双方因前期对接问题出现扯皮。

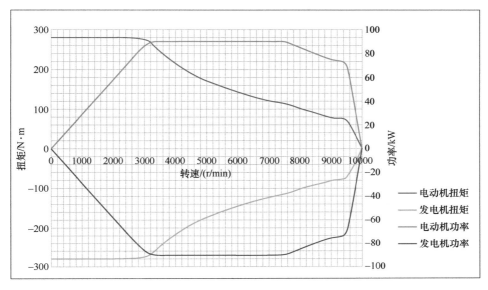

图 2-60　电机特性曲线

2.3.2　轴承选型

1. 输入轴轴承

输入轴轴承是减速器内部转速最高的轴承,与电动机直接相连,电动机启动、制动时受到的冲击最直接。并且离润滑油距离最远,润滑路线长。为了同时满足高转速和大载荷的需求,该处的轴承目前供应商通常推荐对材料和滚道进行了特殊处理并采用了尼龙保持架的方案。调整材料、热处理工艺,修改滚道参数是为了提升承载能力,而采用尼龙保持架是因为高速运行时尼龙保持架与滚动体磨损较小,NVH 性能更好,此外,尼龙保持架比金属保持架高速转动时的转动惯量小,稳定性好。尼龙保持架的最大问题是相比钢保持架强度较低,使用过程中,卡爪有时会断裂,堵塞油路,阻碍轴承正常运转,进而使得轴承过早失效,因此应尽量选择钢保持架轴承,可靠性更高。图 2-61 所示为尼龙保持架卡爪断裂导致的轴承失效。

有些供应商推出的整体式四点接触球轴承,理论上是可行的,四点接触球轴承相当于把一个双列角接触球轴承进行了压缩,如图 2-62 所示。相比于普通深沟球轴承,多了两个接触点,承载能力大大提升,如图 2-63 所示。高速时,载荷较小,可以使用角接触球轴承的高速性特点;低速时,载荷较大,可以使用四点接触球轴承高承载的特点。

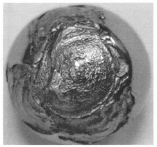

图 2-61　尼龙保持架卡爪断裂导致的轴承失效

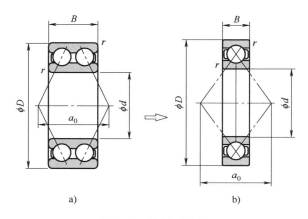

图 2-62　接触球轴承

a）双列角接触球轴承　b）四点接触球轴承

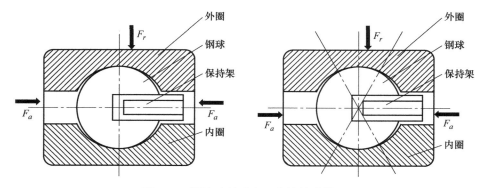

图 2-63　深沟球轴承和四点接触球轴承

为了充分利用四点接触球轴承的优点，该轴承的装配必须进行预紧。预紧量的大小主要考虑齿轮啮合过程中产生的轴向力对轴承刚度的影响，基本原则是，高速时（>8000r/min），载荷小，此时应该让轴承处于两点接触的状态，如果此时接触点过多，发热量大，有可能会烧坏轴承；而高扭时，通常转速较低，这时的主要矛盾是承载能力，此时应该让轴承处于四点接触的状态，可以承受更大的驱动扭矩。对不同输入扭矩条件下（输入扭矩为 120N·m、输入扭矩为 240N·m、有预紧、无预紧），普通深沟球轴承和四点接触球轴承的受力情况进行对比，对比数据见表 2-23～表 2-28。可以看出，四点接触球轴承最大法向应力小于普通深沟球轴承，也就是说其承载能力更高，预紧后的四点接触球轴承，在高速低扭时，大部分钢球都只有两个点受力，即便个别钢球有四点接触，其中两个触点的受力也很小，可忽略不计；在低速高扭时，有多个钢球四点接触，而在无预紧的情况下，总是有多个钢球四点受力且应力相对较大。

表 2-23　普通型球轴承受力情况（输入扭矩为 120N·m）

钢球编号	钢球位置角度/(°)	最大法向应力/MPa	法向载荷（内圈）/kN	接触点数量	法向载荷（外圈）/kN
1	0	1155.0602	0.19	2	0.19
2	45	2018.7669	1.0145	2	1.0145
3	90	2578.8656	2.1148	2	2.1148
4	135	2747.9735（最大值）	2.5587（最大值）	2	2.5587
5	180	2500.0325	1.9267	2	1.9267
6	225	1873.2068	0.8105	2	0.8105
7	270	966.1084	0.1112	2	0.1112
8	315	180.4386	0.0007244	2	0.0007244

表 2-24　普通型球轴承受力情况（输入扭矩为 240N·m）

钢球编号	钢球位置角度/(°)	最大法向应力/MPa	法向载荷（内圈）/kN	接触点数量	法向载荷（外圈）/kN
1	0	767.5176	0.05575	2	0.05575
2	45	2377.6071	1.6573	2	1.6573
3	90	3226.0807	4.1401	2	4.1401
4	135	3473.3579（最大值）	5.167（最大值）	2	5.167
5	180	3106.4575	3.6964	2	3.6964
6	225	2140.6643	1.2096	2	1.2096
7	270	0	0	0	0
8	315	0	0	0	0

表 2-25 四点接触球轴承受力情况（输入扭矩为 120N·m，无预紧）

钢球编号	钢球位置角度/(°)	最大法向应力/MPa	接触点数量	法向载荷（内左）/kN	法向载荷（内右）/kN	法向载荷（外左）/kN	法向载荷（外右）/kN
1	0	0	0	0	0	0	0
2	45	1591.6758	2	0	0.5153	0.5153	0
3	90	2379.2797	4	0.2866	1.7211	1.7383	0.2661
4	135	2603.587（最大值）	4	0.5986	2.2552	2.2817	0.5712
5	180	2285.7395	4	0.1415	1.526	1.5402	0.1226
6	225	1386.1505	2	0	0.3403	0.3403	0
7	270	0	0	0	0	0	0
8	315	0	0	0	0	0	0

表 2-26 四点接触球轴承受力情况（输入扭矩为 240N·m，无预紧）

钢球编号	钢球位置角度/(°)	最大法向应力/MPa	接触点数量	法向载荷（内左）/kN	法向载荷（内右）/kN	法向载荷（外左）/kN	法向载荷（外右）/kN
1	0	0	0	0	0	0	0
2	45	1965.9517	2	0	0.9709	0.9709	0
3	90	2987.8154	4	0.6998	3.4082	3.4609	0.6408
4	135	3279.9199（最大值）	4	1.3215	4.5087	4.5906	1.24
5	180	2876.7429	4	0.3315	3.042	3.0857	0.2754
6	225	1721.9666	2	0	0.6524	0.6524	0
7	270	0	0	0	0	0	0
8	315	0	0	0	0	0	0

表 2-27 四点接触球轴承受力情况（输入扭矩为 120N·m，有预紧）

钢球编号	钢球位置角度/(°)	最大法向应力/MPa	接触点数量	法向载荷（内左）/kN	法向载荷（内右）/kN	法向载荷（外左）/kN	法向载荷（外右）/kN
1	0	1399.2835	2	0	0.3501	0.3501	0
2	45	2119.4352	2	0	1.2165	1.2165	0
3	90	2639.3286	3	0.01623	2.3493	2.3602	0
4	135	2810.3638（最大值）	4	0.09527	2.8363	2.8739	0.04122

（续）

钢球编号	钢球位置角度/(°)	最大法向应力/MPa	接触点数量	法向载荷（内左）/kN	法向载荷（内右）/kN	法向载荷（外左）/kN	法向载荷（外右）/kN
5	180	2603.7751	3	0.001926	2.2557	2.2569	0
6	225	2055.4211	2	0	1.1096	1.1096	0
7	270	1332.704	2	0	0.3025	0.3025	0
8	315	918.7233	2	0	0.09909	0.09909	0

表 2-28 四点接触球轴承受力情况（输入扭矩为 240N·m，有预紧）

钢球编号	钢球位置角度/(°)	最大法向应力/MPa	接触点数量	法向载荷（内左）/kN	法向载荷（内右）/kN	法向载荷（外左）/kN	法向载荷（外右）/kN
1	0	0	0	0	0	0	0
2	45	1965.9132	2	0	0.9709	0.9709	0
3	90	2987.7986	4	0.6999	3.4081	3.4608	0.6409
4	135	3279.9067（最大值）	4	1.3216	4.5087	4.5906	1.2401
5	180	2876.7226	4	0.3315	3.042	3.0857	0.2755
6	225	1721.9165	2	0	0.6524	0.6524	0
7	270	0	0	0	0	0	0
8	315	0	0	0	0	0	0

2. 中间轴轴承和差速器轴承

中间轴轴承的工作条件应该是减速器内部最苛刻的，尤其是与小齿轮紧邻的那个轴承（中间轴前轴承），由于力臂较短，它承担了大部分的径向力。该轴承转速相对较低，考虑可靠性，最好选择圆锥滚子轴承，表 2-29 为某型号减速器各个轴承的受力情况。可以看出，中间轴前轴承的受力最大，相比之下，差速器轴承由于跨距大，受力反而比中间轴轴承小，并且由于更容易被主减齿轮搅动起的润滑油润滑，工作条件相对较好。

表 2-29 某型号减速器各个轴承的受力情况

工况	载荷/kN											
	输入轴前轴承		输入轴后轴承		中间轴前轴承		中间轴后轴承		差速器前轴承		差速器后轴承	
	径向力	轴向力	径向力	轴向力	径向力	轴向力	径向力	轴向力	径向力	轴向力	径向力	轴向力
正转正驱	5.8498	4.8129	7.5247	0	23.929	8.0573	13.907	2.866	11.362	3.1333	23.903	13.137
反转正驱	2.9227	0	10.516	4.8129	22.848	4.7326	21.218	9.923	15.329	15.313	18.785	5.3097

对于圆锥滚子轴承，相对于球轴承，大家最在意的就是其转动效率较低。而新能源汽车对效率又相当敏感，这就造成研发人员选型时很纠结。为了解决该问题，许多轴承供应商推出了低摩擦的圆锥滚子轴承。根据分析和测试，影响圆锥滚子轴承效率的因素主要有三个，分别是滑动摩擦阻力、滚动摩擦阻力和润滑油搅拌阻力。低摩擦圆锥滚子轴承的实现方法主要是通过改善滚子大端与挡边的粗糙度，变混合摩擦为流体摩擦，进而达到降低摩擦阻力提升轴承转动效率的目的。其最大的作用是改善了轴承在低速时的摩擦阻力，轴承厂家的试验数据显示，最大可以降低 60%，平均可以降低 20%。图 2-64 和图 2-65 所示为普通圆锥滚子轴承和低摩擦圆锥滚子轴承在 40℃和 80℃时的摩擦力矩对比图。可以看出，无论低温还是高温，低摩擦圆锥滚子轴承的摩擦阻力都降低了很多。

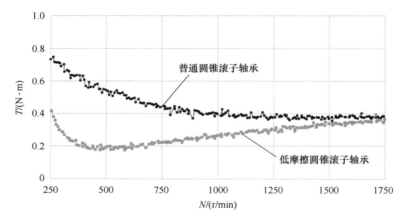

图 2-64　40℃时摩擦力矩对比

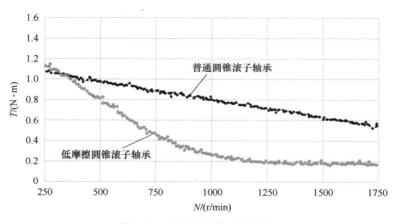

图 2-65　80℃时摩擦力矩对比

2.3.3　轴承的装配和失效分析

1. 轴承装配的注意事项

轴承属于精密零件，本身很脆弱，尤其是滚动体，很容易损坏，所以装配时要特别注意。对于轴承的配合，生产厂家推荐的方式，通常根据径向载荷的性质进行选择，选择配合示例见表 2-30。减速器轴承的载荷性质基本上都是第一种，但当前市场上许多产品并未严格按照该方式进行选择。因为该方式有几个问题：首先，外圈与壳体间隙配合，在运行过程中会出现跑外圈现象，使壳体与轴承之间出现磨损；其次，总成装配时，三根轴要同时与壳体一起安装，由于轴承外圈与壳体间隙很小，稍有倾斜，即无法安装到位，甚至还有可能损坏轴承。为了规避以上两个问题，有些减速器厂家采用内外圈双过盈方案，或外圈过盈内圈间隙方案。但轴承厂家建议，还是应当按照他们的推荐进行设计，这样才能够充分发挥轴承的性能。当然，在实际使用过程中，也可与轴承厂家沟通，通过试验验证，来确定安装方式。

表 2-30　根据径向载荷的性质选择配合示例

旋转分类		负荷方向	负荷性质	配合		用例
				内圈与轴	外圈与外壳	
	内圈旋转 外圈静止	一定	内圈旋转负荷 外圈静止负荷	需要过盈配合（k, m, n, p, r）	也可间隙配合（F, G, H, JS）	正齿轮装置、电动机
	内圈静止 外圈旋转	旋转 与外圈一起旋转				动平衡较差的车轮
	内圈静止 外圈旋转	一定	内圈静止负荷 外圈旋转负荷	也可间隙配合（f, g, h, js）	需要过盈配合（K, M, N, P）	带固定轴的跑轮和滑轮
	内圈旋转 外圈静止	旋转 与内圈一起旋转				振动筛（不平衡振动）
不定		旋转或一定	不定向负荷	过盈配合	过盈配合	曲轴

　　无论是球轴承还是锥轴承，都需要控制轴向串动间隙。如果间隙过大，除了影响轴承的使用寿命，减速器启动和停止时，由于受力方向的改变，也会产生冲击异响。一般深沟球轴承，因其内外圈不可分，其游隙在生产时已确定，装配时通常预留 0~0.1mm 的轴向间隙，避免装配时给其施加额外的轴向力，使钢球出现爬挡肩现象进而影响使用寿命。对于锥轴承，由于内外圈可分离，装配时，一定要严格控制预紧量，使滚动体与内外圈有一个良好的接触，预紧量的大小对轴承的寿命有很大的影响。具体预紧量的大小，可与轴承厂家进行沟通，按照他们提供的轴承刚度曲线进行装配，轴承刚度曲线如图 2-66 所示。

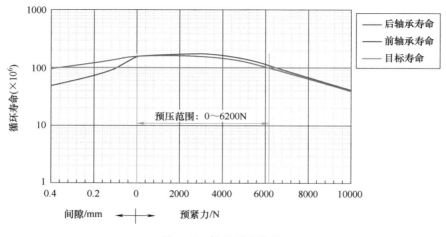

图 2-66　轴承刚度曲线

　　由于零件存在制造公差，所以轴承轴向安装尺寸必须通过垫片进行调整。调整垫片的基本尺寸应大于 1mm，太薄的垫片容易变形，使用不便，垫片尽量不要叠加使用。为了保证垫片能安装到位，必须对壳体安装孔底部进行清根。壳体轴承孔底部清根要求如图 2-67 所示。轴承调整垫片根据需要达到的轴向间隙公差进行分组设计（见表 2-31），如要求最终间隙是 0~0.1mm，可以根据想要达到的实际效果，公差按 0.1mm 一组的大组

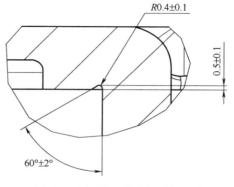

图 2-67　壳体轴承孔底部清根要求

分三组进行设计，也可按 0.05mm 一组的小组分 6 组进行设计。事实上，分四组其实已经基本够用了，零件公差很少也不允许出现大部分在极限位置的情况，通常尺寸在中值位置。

表 2-31　调整垫片分组示例

实际间隙/mm	要求间隙/mm	调整垫片/mm					
		第一组		第二组		第三组	
		第 1 组	第 2 组	第 3 组	第 4 组	第 5 组	第 6 组
1~1.05	0~0.1	1	1.05				
1.05~1.1		1	1.05	1.1			
1.1~1.15			1.05	1.1	1.15		
1.15~1.2				1.1	1.15	1.2	
1.2~1.25					1.15	1.2	1.25
1.25~1.3						1.2	1.25

2. 轴承的失效分析

轴承的失效形式有很多，典型的案例，轴承厂家的样本上都有说明，不再赘述。这里说明几个不常见的形式，主要是出现在新能源汽车减速器上的。

1）下线测试异响。新装配好的减速器，下线手动测试启动扭矩时，手感发涩，并有"哆哆"声，这种情况通常是由轴承润滑不良引起的（也存在轴承本身质量问题）。可对轴承清洗后加润滑油进行重新测试，不可强行上台架进行高速试验。润滑不良情况下的高速运行，很容易造成轴承不可修复的损伤。

2）阶次异响。轴承作为一个旋转体，工作时其内部各元件有其各自的旋转频率，也就有各自的转动阶次，轴承阶次计算（外圈固定）见表 2-32。新生产减速器出现轴承阶次异响，大部分情况应该是装配问题造成的（也不排除轴承本身质量问题，轴承本身问题可通过试验机进行检测）。可以排查与轴承相配合零件的几何尺寸，尤其是可能影响轴承工作游隙的关键部位。如果是售后产品出现轴承阶次异响，大部分情况应该是轴承失效，需排查轴承本身质量问题和用户实际的使用工况。

表 2-32　轴承阶次计算（外圈固定）

装配状态	保持架阶次	保持架相对内圈阶次	滚动体通过内圈阶次	滚动体通过外圈阶次	滚动体阶次
外圈固定	$\frac{1}{2}\left(1-\frac{d}{D}\cos\alpha\right)$	$\frac{1}{2}\left(1+\frac{d}{D}\cos\alpha\right)$	$\frac{z}{2}\left(1+\frac{d}{D}\cos\alpha\right)$	$\frac{z}{2}\left(1-\frac{d}{D}\cos\alpha\right)$	$\frac{D}{2d}\left[1-\left(\frac{d}{D}\cos\alpha\right)^2\right]$

注：z—滚动体数量；d—滚动体直径；D—轴承节径；α—接触角。

3）钢球表面环带。轴承运行一段时间后，有时会发现钢球表面出现一些环形亮带。由于轴承属于高精密零件，钢球和滚道都进行了精磨，不需要磨合过程。在正常情况下，也是不会出现环带的，所以一旦发现了环带，无论是早期还是中后期，都一定是内部有异常。通常与清洁度、预紧力和润滑条件有关，持续一种工况下运行也会出现。

如果出现在早期，并且只是轻微划痕，没有深度，后续随着使用时间的加长，整个表面都会被接触到，相当于在钢球表面进行了抛光，这种情况不会影响轴承性能；如果划痕较深（<2μm），在使用过程中环带是不会消失的，但通常也不会影响使用寿命；如果划痕过深（>2μm），就会出现明显的轴承阶次异常，引起客户抱怨，甚至影响滚道润滑，进而造成轴承提前失效。

2.4　油封的选型和使用

油封，作为减速器的主要密封零件，在减速器中，虽然价值占比不高，但却非常重要。其结构很简单，主要由密封体、骨架和弹簧组成，密封体上设有密封唇和防尘唇，密封唇和防尘唇之间涂有润滑脂，对密封唇进行润滑，有些高速油封在密封唇上还设有回油线，油封结构如图 2-68 所示。其原理是密封唇口与转轴的表面进行接触，在接触位置形成油膜，通过油膜的表面张力来实现密封功能，同时由于润滑油的循环作用，油膜也会带走油封与转轴之间摩擦产生的热量，油封密封原理如图 2-69 所示。因此油封最重要的部位就是密封唇口，而由于油封为非金属件，唇口尺寸又非常小，所以非常脆弱，很容易损坏。

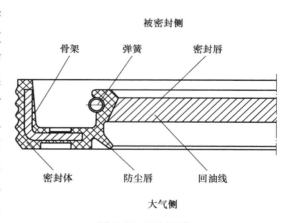

图 2-68　油封结构

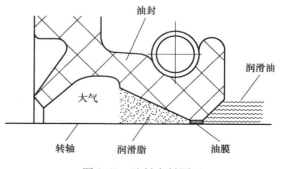

图 2-69　油封密封原理

1. 油封选型

减速器油封，结构上都选用内包骨架的形式，所以油封的选择主要根据外部环境和使用工况，对材料性能进行选择。常用材料主要有三类：氟橡胶（FKM）、丁腈橡胶（NBR）和丙烯酸酯橡胶（ACM），其性能见表 2-33。转速和温度对橡胶材料是个很大的影响因素，尤其是低温性能，选型时务必与油封厂家沟通清楚。

表 2-33　常用油封材料的性能

材料	适用温度/℃	适用线速度/(m/s)	特点	适用位置
丁腈橡胶（NBR）	−40～120	12	低温性好	差速器
丙烯酸酯橡胶（ACM）	−25～150	23	性能适中	差速器
氟橡胶（FKM）	−25～200	38	高温性好	输入轴

对于较高转速的配合位置，不仅要考虑油封材料，还要考虑密封唇口回油线的结构。因为就密封效果来看，不带回油线的结构差于带双回油线的结构，而带双回油线的结构又差于带单回油线的结构。油封密封唇口的回油线与唇口形成一定的夹角，当轴旋转时，在唇口处形成泵吸效应，使泄漏的油被泵回油腔，从而起到密封的效果。双向回油线油封唇口和双向回油线形成一定夹角，当轴旋转时，在唇口处也可形成泵吸效应，但由于要兼顾两个方向旋转的密封效果，存在泵入泵出功能同时发挥作用，这就造成泵入和泵出的油相互冲击，要维持平衡相对困难。因此在旋转轴单向旋转时双向回油线油封的使用效果明显较单向回油线油封要差。所以正向转速较高，而反转速度低于 2000r/min 的位置，应该优先选用单回油线结构的油封；对于需要双向旋转且转速均在 2000r/min 以上的位置，则需要选用带双回油线结构的油封。双向回油线油封如图 2-70 所示。

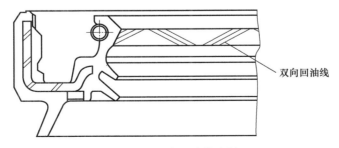

双向回油线

图 2-70　双向回油线油封

2. 油封装配

油封能够密封的压力≤0.03MPa（工作压力），为了能够实现油封的密封性能，与其相配合的对应件的过盈量需严格控制：太小，密封效果不好；太大，磨损加快。合理的油封密封位置过盈量见表 2-34。除了过盈量，对应件表面质量、倾斜度等也都有限制，具体要求如下：

1）轴径表面粗糙度 Ra 值为 0.2~0.63，公差不大于 h11，轴圆度≤0.05mm；壳体内孔表面粗糙度 Ra 值为 1.6~3.2，公差不大于 H8，轴与孔同轴度≤0.1mm。

2）倾斜量（以外径为基准）应控制在 0.5mm 以内，许多厂家控制在 0.3mm，甚至 0.1mm 以内，或者 0.5°~1°。油封无倾斜情况下的理论寿命可达 25000h，为了延长使用寿命，应尽量控制倾斜量。

表 2-34 油封密封位置过盈量

位置	轴径/mm	
	5<d≤30	30<d≤60
唇口	0.7~1.0	1.0~1.2
副唇口	0.3	0.4
外圆	0.2~0.3	

3）油封密封唇刃口位置的温度比油温高 10~20℃，倾斜量或偏心量增加，刃口温度也会随之增加。理论上，油温升高 10℃，或偏心量增加 0.1mm，油封寿命降低一半。

4）在许用范围内，转轴速度对油封寿命影响不大，速度提升 10%，寿命下降 5%。

5）为了防止油封压装不平整，出现倾斜，影响油封寿命，应选用合适的工装进行安装，受力点应压在油封的骨架上，油封压装方式如图 2-71 所示。

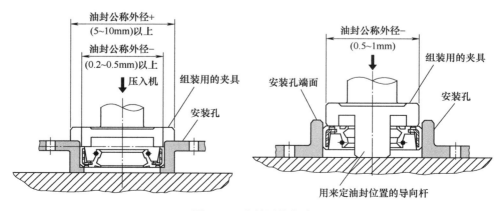

图 2-71 油封压装方式

6）带单向回油线的油封，与不带回油线或带双向回油线的产品相比，可用于更高转速，但使用时应特别注意其旋转方向。一旦选用错误，或安装错误，必然会造成漏油。为了规避风险，转速不是特别高或需要正反转时（差速器两端），尽量选用不带回油线或带双向回油线的产品。

7）油封装配时，最容易出现的问题有两个：一个是外圈翻皮；一个是唇口损坏。对于第一个问题，相对比较容易发现，也比较好解决，翻皮的原因可能是壳体倒角不合理，此问题可参考第 2.1 节壳体设计部分。如果是外圈过盈量太大造成装配困难，可通过在外圈涂润滑油的办法进行处理。对于第二个问题，相对来说比较难发现，即便唇口出现了破损，由于气密测试是静态的，转轴没有运转，通过测气密的方式通常也无法发现。只有到了客户端，在使用过程中才慢慢表现出来，给减速器厂家和整车生产厂家都造成非常大的损失。所以在油封装配时，一定要想尽一切办法规避唇口破损问题。由于油封唇口的划伤大部分都是发生在转轴花键部位或倒角处，目前比较常用的办法就是在转轴上对应位置增加一个可重复使用的非金属保护套。输入轴油封安装保护套如图 2-72所示，差速器油封传动轴安装保护套如图 2-73 所示。

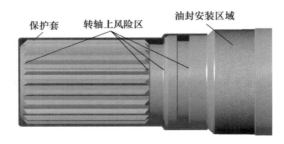

图 2-72　输入轴油封安装保护套

8）油封是否装配到位，装配过程中是否造成损伤，需要通过气压或水压试验进行检测。具体试验方法，可参考相应标准。针对减速器与电动机共用端盖或壳体的结构（非油冷动力总成），关于压力测试方向，这里需要进行一下说明。油封的气密效果是有方向性的，油封气密性测试方向和耐压性如图 2-74所示。可以看出，从密封侧进行压力测

图 2-73　差速器油封传动轴安装保护套

试时（正向气密性测试），气压对唇口有向下的压力，增加了油封的耐压能力，而如果从反方向进行压力测试（反向气密性测试），气压对唇口有向上的推力，降低了油封的耐压能力。减速器的油封，主要是密封减速器侧的润滑油不出现泄漏，电动机与减速器组合后，为了检测电动机的气密性，如果从电动机侧加压测试，有可能会出现泄漏的误判。这个问题，在前期设计时，减速器生产商和电动机生产商双方一定要沟通清楚。一般情况下，总成运行时，电动机侧和减速器侧都有压力存在，并且都设有排气阀（排气压力为 5~10kPa），是不会出现电动机侧单独加很大压力的情况的，所以直接从电动机侧加很大压力的测试方式，并不太合理。如果电动机生产商坚持要规避该问题，可通过增加油封过盈量或采用背靠背双油封方案来解决。

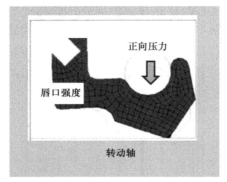 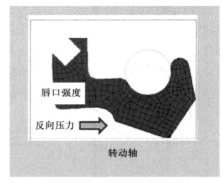

油封耐压能力=唇口本身的耐压能力+内外压力差产生的压力　　　　油封耐压能力=唇口本身的耐压能力

a)　　　　　　　　　　　　　　　　　　　　b)

图 2-74　油封气密性测试方向和耐压性

a）正向气密性测试　b）反向气密性测试

2.5　差速器的结构设计

差速器在汽车行业中可谓是"小零件大功用"，它是一种能够使左、右驱动轮实现以不同转速转动的机构。功能是当汽车转弯行驶或在不平路面上行驶时，调节左右轮毂转速差，使左右车轮以不同的转速滚动，即保证两侧驱动车轮作纯滚动运动，避免左右车胎因行程不同产生滑动。

2.5.1　差速器的结构和失效模式

差速器的结构既简单又智能，主要由差速器壳体、行星齿轮、半轴齿轮、销轴和垫片组成，如图 2-75 所示。内部相对运动位置很多，但却没有用到一个滚动轴承，所有相对转动关系，简单总结就是 4 对齿轮和 8 对滑动轴承。内部的齿轮传动自不必说，8 对滑动轴承分别是行星齿轮和行星齿轮轴、行星齿轮和球垫、半轴齿轮和差速器壳、半轴齿轮和垫片。其实，装上传动轴后，传动轴和差速器壳之间也是两对滑动轴承。

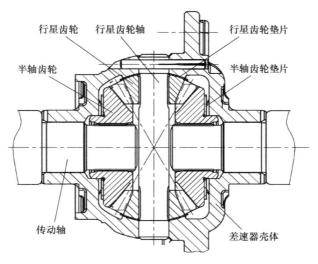

图 2-75　差速器的结构

　　虽然差速器是减速器的核心零件，但是由于直接通过传动轴和车轮相连，转速比较低，尤其当正常直行时，内部齿轮甚至没有相对啮合运动，且技术成熟，有完整的设计开发验证方法和使用经验，在传统变速器上通常很少出问题。

　　近年来，原本在燃油车上正常使用的差速器，在新能源汽车上却屡屡出问题。主要问题有转弯异响、差速器壳开裂、差速器壳内孔磨损、行星齿轮轴磨损、断裂、齿轮与壳体接触面磨损、行星齿轮与行星齿轮轴烧结、齿轮断齿、开裂等，不一而足，给设计开发人员带来了很多麻烦。差速器的各种失效模式如图 2-76 所示。

图 2-76　差速器的各种失效模式

图 2-76　差速器的各种失效模式（续）

2.5.2　基本参数的确定

差速器的设计，考虑强度因素，主要是对几个基本参数进行确定。这里说的基本参数，主要是指差速器壳体的内球直径，行星齿轮和半轴齿轮传动比及齿轮宏观参数，行星齿轮轴直径，差速器轴承及传动轴等。差速器的设计流程如图 2-77 所示。

（1）差速器壳体　材料通常选用 QT500-7 或 QT600-3，采用铸造工艺。差速器壳体内球径决定了行星齿轮定位面的球面半径 R_B，也就是行星齿轮的安装尺寸，实际也代表了差速器圆锥齿轮的节锥距，因此该尺寸为差速器强度的主要表征之一。球面半径 R_B 可以利用球面半径系数 K_B 和最大输出扭矩 T_{max} 进行初算，然后，行星齿轮球面半径 R_B 加上垫片厚度 S，即可得差速器壳内球直径 ϕ，计算公式为

$$R_B = K_B T_{max}^{1/3}，K_B 取 2.52 \sim 2.99mm，\phi = 2(R+S)，S 取 1mm 左右$$

（2）差速器锥齿轮　材料一般选用 20CrMnTi 或 20CrMoH，也有选择 17CrNiMo6 的，采用精锻成形。根据《齿轮手册》，齿轮在尺寸相同的情况下，齿数少又无根切，有利于提高齿根弯曲强度；齿数多有利于提高齿面接触强度和传动平稳性。在 Z_1（行星齿轮齿数）<10，Z_2（半轴齿轮齿数）<14，α（压力角）<22.5° 的情况下，差速器锥齿轮必须进行特殊设计（主要考虑加工工艺）。差速器直齿锥齿轮齿数比已经系列化：$Z_1/Z_2 = 10/14$、10/15、10/16、10/17、10/18、10/19 和 10/20。根据《汽车车桥设计》，差速器齿轮主要进行抗弯强度计算，而对于疲劳寿命则不予考虑，这是因为行星齿轮在差速器的工作中经常只起到等臂推力杆的作用，只有左右驱动车轮有转速差时行星齿轮和半轴齿轮之间才有相对啮合。为了获得较大的模数，从而使齿轮有较高的强度，应使行星齿轮的齿数尽量少，但一般不应少于 10，半轴齿轮的齿数采用 14~25。大多

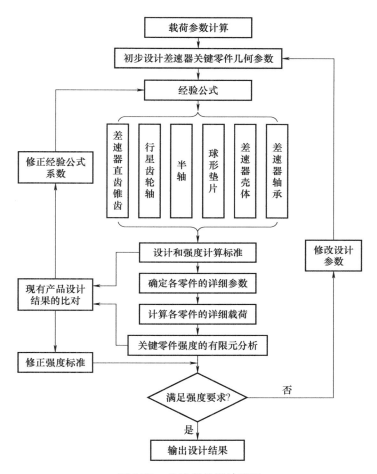

图 2-77　差速器的设计流程

数汽车的半轴齿轮与行星齿轮的齿数比在 1.5~2 的范围内，左、右两半轴齿轮的齿数 z_{2L}、z_{2R} 之和，必须能被行星齿轮的数目 n 所整除，即：

$$\frac{z_{2L}+z_{2R}}{n}=I, I \text{ 为整数}$$

新能源差速器直齿锥齿轮齿数比主要有：$z_1/z_2 = 9/13$、$9/14$、$10/14$、$10/15$、$10/16$、$10/18$ 等，根据齿数，设置节锥距 A_0，即可初算齿轮的基本参数，节锥角 δ_1、δ_2，模数 m_{et}，背锥 d_{e1}、d_{e2} 公式为

$$\delta_1 = \text{atan} \frac{z_1}{z_2}, \ \delta_2 = \text{atan} \frac{z_2}{z_1}, \ m_{et} = \frac{2A_0}{z_1}\sin\delta_1 = \frac{2A_0}{z_2}\sin\delta_2, \ d_{e1} = m_{et}z_1, \ d_{e2} = m_{et}z_2$$

由于行星齿轮和半轴齿轮是差速器中最核心、计算最为复杂的零部件，可

以选择最为常用的 ISO 计算标准作为行星齿轮和半轴齿轮的计算依据。锥齿轮需计算接触应力和弯曲应力，其中弯曲应力为主要评价指标，接触应力为次要评价指标。由于行星齿轮和半轴齿轮齿面主要采用精锻工艺成形，而通用公式里的许多系数主要是以机械加工齿面为依据设定，所以许用强度可以在推荐值基础上乘以 1.3 左右的倍数，采用工业软件计算差速器齿轮通不过的原因即在于此。

（3）行星齿轮轴 材料一般可选择 20CrMnTi 或 20CrMoH，要求高的可选择 20MnCr5，采用冷拉工艺或锻造工艺。行星齿轮轴承受了差速器壳体传递过来的全部载荷，其计算采用简支梁模型，由于行星齿轮轴与壳体、行星轮配合区域较大，难以准确确定各个力的作用位置，分析时，通常将壳体壁厚和行星轮齿宽中点设置为力作用点。对于行星齿轮轴，需计算其弯曲应力和挤压应力，事实上这里的挤压应力应该是指表面接触应力，因为行星齿轮和行星齿轮轴配合表面一旦出现磨损即失效。

初选时，其直径 ϕ，与最大输出扭矩 T_{max}、行星齿轮数量 n、行星齿轮宽度 L、行星齿轮支承面中点至锥顶的距离 l 和支撑面的许用压应力 $[\sigma_c]$ 都有关系。行星半轴齿轮尺寸示意图如图 2-78 所示，具体计算式为

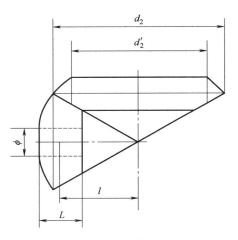

图 2-78　行星半轴齿轮尺寸示意图

$$\phi = \sqrt{\frac{T_{max} \times 10^3}{1.1[\sigma_c]nl}}$$

其中，T_{max} 的单位为 N·m；$[\sigma_c]$ 取 69MPa；l 的单位为 mm；$L = 1.1\phi$，单位为 mm。

对于半轴齿轮花键，传动轴配合尺寸，客户通常靠经验数据可以提前锁定，差速器轴承计算比较常规，一般会寻找专业供应商进行校核，在此不进行讨论。

差速器各零件强度，最好借助于 CAE 分析软件进行综合分析。

统计了国内外新能源汽车减速器和燃油车变速器常用的差速器参数，结合产品研发过程中的经验，分扭矩段，提出了差速器基本参数的选择原则，见表 2-35，表中数据相对保守，实际使用中根据需要可向下调整，差速器基本参数推荐值见表 2-36。

表 2-35　典型差速器的基本参数

特征	国内产品									国外产品					
差速器壳球径/mm	84	83.4	76	85.5	83	92.5	92.5	91	94	94	84	92	79	76	90
齿数比	10/16	10/18	9/13	10/14	10/14	9/14	9/14	9/14	10/16	10/15	9/13	9/13	10/14	9/13	9/13
行星齿轮轴径/mm	15	16	16	17	15/17	18	20	18	18	19.5	18	18	17	16	19.5

表 2-36　差速器基本参数推荐值

特征	推荐值					
最大输出扭矩/N·m	1500	2500	3500	4000	4500	5300
差速器壳球径/mm	80	85	92.5	95	100	102
齿数比	10/16	10/14	9/14	9/13	9/13	9/13
行星齿轮轴径/mm	15~16	17	18~20	20.5	21	21

2.5.3　常见问题和措施

差速器在使用过程中，会遇到这样那样的问题，其中最主要的问题有三类，即异响问题、磨损失效和零件断裂，下面逐一进行讨论。

1. 异响问题

车辆直行时，由于左右车轮转速差很小，差速器仅仅起到传递动力的作用，没有差速功能，行星齿轮和半轴齿轮间没有相对运动，也就没有啮合过程，通常不会发出异响，但当车辆转弯时，差速器左右半轴齿轮转速不同，齿轮间就会有啮合运动，产生啮合噪声。

齿轮啮合异响，首先考虑的应该是齿轮接触是否良好。通常设计要求，空载情况下，齿面接触斑点呈椭圆形或梯形（齿宽方向占比 40%~65%，齿高方向占比 40%~60%），居齿宽中部偏小端（斑点边缘到小端边缘距离占齿宽比 10%~15%）；满载情况下，不出现边缘接触。接触区要完整，无空心、不连续等缺陷。

如果保证了齿轮的正常啮合，差速器运行过程中是不会有异响的。由于差速器齿轮齿形质量完全靠模具保证，一致性较好，所以差速器异响齿轮通常出现在模具使用寿命的中后期，原因是模具在制造过程中会有缺陷，在使用过程中会有磨损，这些偏差都会直接反应在轮齿的齿面上，进而影响啮合效果，而这些缺陷和磨损都属于微观层面。锥齿轮精度测量较为复杂，一般通过测量接触斑点进行间接检测，而接触斑点属于宏观测量，不能真实反映轮齿的实际精度情况。

遇到这个问题时，对齿轮表面磷化是个很好的解决方案，因为磷化处理后的零件尺寸会有 0.002~0.01mm 的变化，相当于对轮齿表面进行了微观修形，表面粗糙度会有 0.001~0.003mm 的降低。表面粗糙度的下降，使得齿轮表面有一些空隙，可以储存润滑油，因磷化膜多孔存储润滑油的特性，浸油后具有更好的润滑效果。由于小轮轴向误差和大轮轴向误差都能引起接触斑点往齿顶或齿根移动，且小轮轴向误差相对大轮轴向误差对接触斑点的移动更加敏感，故只对小轮进行磷化即可。事实证明，仅磷化大轮并不能改善差速器异响问题。

某减速器产品，在前期装车过程中，无差速器异响问题，批量生产一段时间后，突然出现大量差速器转弯异响故障，对整车进行 NVH 测试，得到的故障差速器 NVH 测试曲线如图 2-79 所示，发现与差速器连接的传动轴轴头出现有规律的波动。对差速器半轴齿轮进行磷化处理，并重新进行了 NVH 测试，磷化差速器 NVH 测试曲线如图 2-80 所示。可以看出，与差速器连接的传动轴轴头的波动明显降低，传动平稳，异响消除。

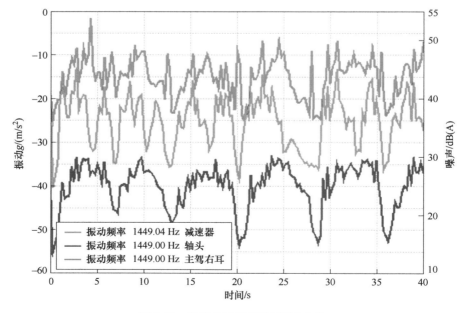

图 2-79　故障差速器 NVH 测试曲线

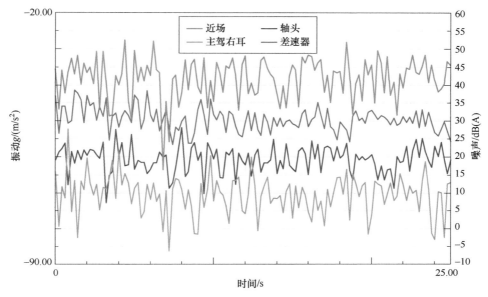

图 2-80　磷化差速器 NVH 测试曲线

此外，半轴齿轮和壳体内孔的配合间隙不宜过大，单边间隙控制在 0.2mm 以内，否则会产生异响。

2. 磨损失效

差速器其他的众多失效模式主要出现在相对滑动位置，失效模式为磨损失效。这些相对滑动位置都可以被看作滑动轴承，而滑动轴承能正常工作的前提是接触良好、润滑充分。相对滑动位置失效的原因主要是表面压力大、相对转速高、清洁度差和润滑不良。

润滑油黏度、零件表面粗糙度、pv 值和相对滑动材料是一系列相关因素，互相影响。润滑油黏度决定油膜厚度，而表面粗糙度又决定了能够实现良好滑动摩擦的最小油膜尺寸，不同材料的摩擦系数不同，pv 值与单位面积上的受力和磨损速度相关。新能源汽车减速器为了提升传动效率，当前的润滑油黏度越来越低（100℃时运动黏度从 15mm^2/s 降低到 6mm^2/s，还有继续降低的趋势）。在材料和结构不变的情况下，只能提升表面质量，并适当降低 pv 值，可控制在 2.5 以下。pv 值计算如图 2-81 所示。

对于润滑情况，当差速器结构布置时，尽量让上一级的大齿轮对着差速器的腔体，如图 2-82 所示。在旋转过程中，上一级大齿轮可把部分润滑油甩入差速器内部，增加润滑油量。垫片与差速器壳接触表面粗糙度值可大一些以增加摩擦力，与齿轮接触表面粗糙度值尽量小，以保证垫片不随齿轮旋转磨损差速器壳产生粉尘堵塞油路。齿轮受力越大，与垫片贴合越完整，如果齿轮与垫片完全贴合时，在齿轮或垫片上做油孔，无法形成回路，基本上不能起到润滑的作用。较好的方案应该是在齿轮接触面做油槽或微鼓形（0.01~0.05mm），行星齿轮背锥鼓形如图 2-83 所示，以便让润滑油顺利到达相关位置。行星齿轮与行星齿轮轴之间，油槽通常采用在行星齿轮轴上加工螺旋槽或平行槽的方法，螺旋槽行星齿轮轴结构如图 2-84 所示，平槽行星齿轮轴结构如图 2-85 所示。螺旋槽加工复杂，可尽量选择平行槽。做平行槽时，长度要超过齿轮有效接触宽度，深度控制在 0.5~1mm，表面粗糙度 Ra 值为 0.8 以下，油槽过渡区域要圆滑无毛刺。表面可采用镀镍方式提升耐磨性，厚度为 11~19μm，硬度大于 700HV，也可采用其他表面处理方式，如硫化、DLC 等。

$$p = \frac{F}{\frac{\pi}{4}(d_2^2 - d_1^2)z}$$

$$v = \frac{\pi n(d_1 + d_2)}{60 \times 1000 \times 2}$$

$$pv = \frac{nF}{30000z(d_2 - d_1)} \leqslant [pv]$$

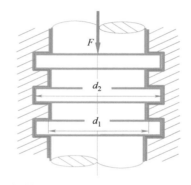

图 2-81　pv 值计算

由于差速器壳体通常采用球墨铸铁，齿轮如果和壳体直接接触，在齿轮旋转过程中两者会进行摩擦，产生粉尘，影响减速器的清洁度。为了提升壳体的耐磨性，会在齿轮端面加装耐磨垫片，提升壳体的耐磨性，同时由于锥齿轮在装配过程中安装距需要调节，调整垫片也必不可少。行星齿轮通常采用球形垫片，由于加工相对困难，通常只做一种规格，半轴齿轮采用平垫，可做多种规格，便于调整。装配后，为了保证齿轮运转灵活，半轴齿轮端面距壳体定位面距离控制在 0.1~0.2mm。垫片材料可选用 20 钢或 65M，表面进行氮碳共渗（表面硬度为 500~600HV，白

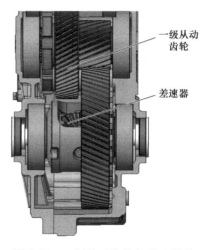

图 2-82　一级从动齿轮与差速器的相对位置

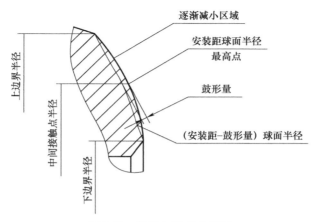

图 2-83　行星齿轮背锥鼓形

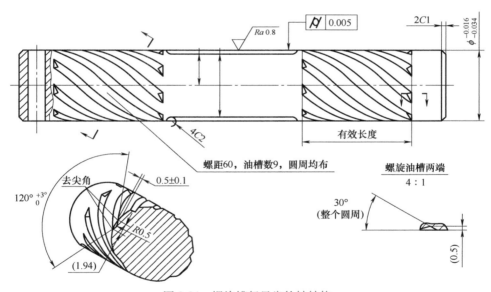

图 2-84　螺旋槽行星齿轮轴结构

亮层为 0.008~0.015mm）或抗磨磷化（磷化层为 0.006mm 以上），垫片厚度保证 1mm 以上，避免热处理过程中被淬透，造成使用过程中发生碎裂，行星齿轮垫片球面要求如图 2-86 所示。球形垫片在加工过程中会产生变形，内外球面与对应件空载情况下的接触面积应保持在 50% 以上。如果空间允许，半轴齿轮和行星齿轮可以布置在同一个球面上，然后做一个整体的尼龙球形垫圈（PA66-GF30），如图 2-87 所示。尼龙的耐磨性好，并具有自润滑性，此时，行星齿轮内孔也可做微鼓形（0~0.02mm），调整内孔与行星齿轮轴的接触，如图 2-88 所示。

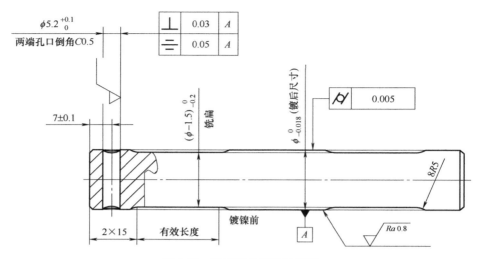

图 2-85　平槽行星齿轮轴结构

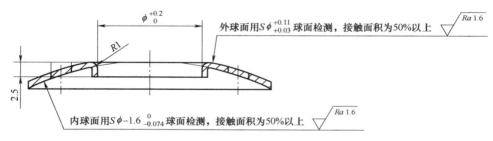

图 2-86　行星齿轮垫片球面要求

图 2-87　尼龙球形垫圈的结构

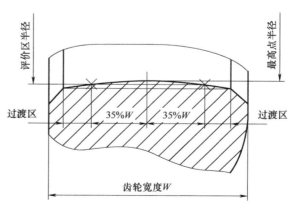

图 2-88　行星齿轮内孔修形

差速器壳与传动轴接触位置，内孔圆周和端面都要做对应油槽，设计合适的油槽螺旋方向。在保证差速的情况下，润滑油能够从差速器两端沿油槽流入差速器内部。通常主要考虑前进情况，差速器左边右旋，右边左旋，双头螺旋槽，深度为 0.6~1.5mm，半径为 3mm，导程为 30mm 左右，端面的径向槽要在螺旋槽入口处相接，使得润滑油能够通过径向槽顺利进入螺旋槽。传动轴配合位置螺旋槽如图 2-89 所示。

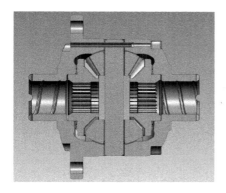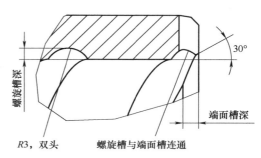

图 2-89　传动轴配合位置螺旋槽

3. 零件断裂

零件断裂破坏主要出现在齿轮和行星齿轮轴及差速器壳轴承的支承位置。差速器壳轴承定位面的过渡圆角应尽量大，只要满足轴承装配就可以，没必要太小，也不可太小，更不可出现尖角。行星齿轮轴的断裂有两种失效模式：一种是直接过载断裂，这种情况主要是设计缺陷，如尺寸太小、材料强度低、热处理要求不合理等，也可能存在制造缺陷，如热处理缺陷、油槽加工缺陷等；另一种是表面严重磨损、尺寸变小、受载后断裂，该情况主要是润滑不良或工况不合理。关于齿轮断裂问题，有齿根弯曲强度不足和基体壁厚过薄两种原因，轮齿强度问题不在此讨论，这里主要讨论壁厚问题，行星齿轮内孔壁到小端齿根的径向厚度，根据扭矩不同，应该控制在 2mm 以上，行星齿轮的基本尺寸如图 2-90 所示。

2.5.4　焊接差速器

差速器和主减齿轮的结合体称作差减总成。焊接差速器，主要指的是差速器壳体和主减齿轮采用焊接方式连接而不是常用的螺栓连接或铆钉连接。差速器采用激光焊接工艺代替螺栓连接或铆钉连接方案，由于取消了螺栓或铆钉，

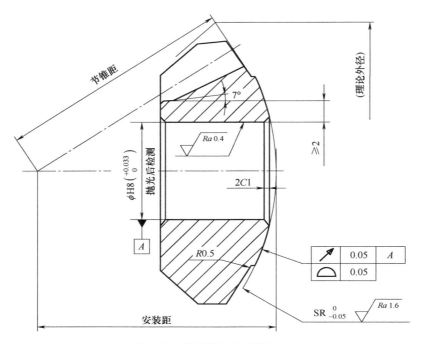

图 2-90　行星齿轮的基本尺寸

可有效降低差速器质量 8% 左右，对总成轻量化有直接效果，并且由于采用焊接后磨齿，齿轮精度可提升 1 级，对改善总成的 NVH 性能大有裨益。

　　激光焊接技术，本身工艺比较成熟，只是国内用在差速器焊接上的案例较少。并且由于焊接的两个零件材质性能相差很大，增加了一定焊接难度，又由于需要承受较大载荷，对焊缝质量要求较高，所以有一个较长的试验和摸索过程。焊接差速器工艺流程图如图 2-91 所示。焊接差速器的生产，需要购置专用的生产线，前期投入较高，有间隙测量设备（见图 2-92）、激光清洗设备（见图 2-93）、齿轮压装设备（见图 2-94）、激光焊接设备（见图 2-95）、超声检测设备（见图 2-96）等。

　　当前，在新能源汽车减速器上积极推动焊接差速器方案，主要原因是采用焊接方式有很多优点：

　　1）无装配误差（焊后磨齿），可提高齿轮精度。

　　2）取消壳体和主减齿轮的钻孔、攻螺纹，组件铆接或螺栓装配工序，降低生产成本。

　　3）焊接工艺生产节拍快（焊接时间为 1min），工人劳动强度低（机械手装夹）。

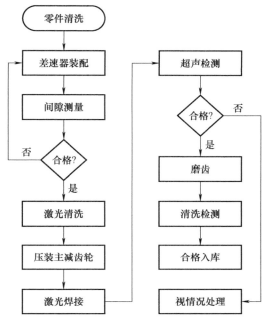

图 2-91　焊接差速器工艺流程图

图 2-92　间隙测量设备

图 2-93　激光清洗设备

图 2-94　齿轮压装设备

4）取消铆钉或螺栓以及主减齿轮和差速器壳连接的腹板，减轻差减总成重量。

5）结构紧凑，可更好地满足减速器的结构要求。

图 2-95　激光焊接设备

图 2-96　超声检测设备

6）扭矩承载能力大（填丝焊接使得差速器壳与主减齿轮熔为一体，杜绝连接松动的失效模式）。

由于差速器壳体和主减齿轮的材质不同，焊接时有以下注意事项：

1）差速器壳体尽量选择珠光体含量较低的材料（含量为 50% 以下）。珠光体含量过高，焊接时易产生内部应力集中（推荐使用 QT500）。齿轮热处理后，去除待焊接位置的渗碳层，切 8°左右的焊接坡口，坡口的最宽位置与焊丝的直径相同，坡口深度短于焊缝深度 0.5mm，预留深度深于焊缝深度 0.5mm，坡口端部可切 C1 倒角，起防飞溅功能，焊接时会产生大量的热，焊缝位置要设排气槽和 2 个以上排气孔（ϕ2mm）。焊缝坡口如图 2-97 所示。

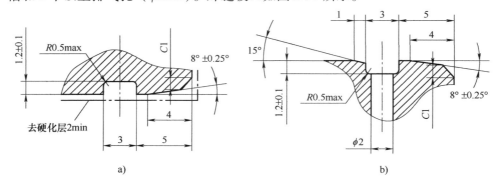
图 2-97　焊缝坡口

a）主减齿轮　b）差速器壳体

2）壳体和主减齿轮之间，在主要受力方向要做限位凸台，既可用于定位，也可分担焊缝的受力，两者采用微过盈配合用于定位。加热装配（100℃以内），防止压装时产生铁屑。压装前需对焊接部位进行激光清洗，保证表面清洁度。

3）焊接前需进行预热，焊条采用镍基焊条，焊接能量根据焊深调节。

4）焊接直径和焊缝熔深，应根据产品尺寸和受力情况进行确定（焊缝承载力可按差速器壳强度的 60%～70% 估算），要保证足够的安全系数（3 倍以上）。

5）焊接后焊缝宽度为 2 倍焊丝直径以上，弥补工装装夹误差，焊后热影响区 ≥0.5mm；焊缝起弧和收弧重叠区域焊缝余高 ≤0.5mm，尽量选择整圆焊接。分段焊接时，在起弧和收弧位置易产生应力集中，影响强度。焊接差速器结构和焊缝要求如图 2-98 所示。

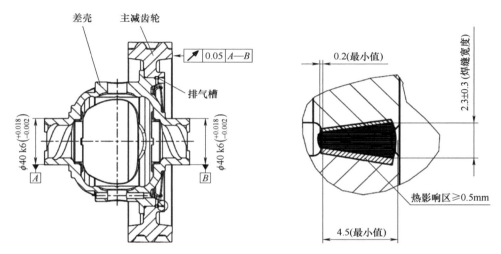

图 2-98　焊接差速器结构和焊缝要求

6）焊接时，要采取防飞溅措施防止焊渣粘在差速器外表面或进入差速器内部。焊缝表面要平整，无缺陷，不允许有气孔，焊缝缺陷如图 2-99 所示，合格焊缝如图 2-100 所示。

差壳表面有焊渣　　　　　　焊缝表面有气孔　　　　　　焊缝不平整

图 2-99　焊缝缺陷

7）要预留检测空间，焊后 100%超声波检测，检测深度≥焊缝深度的 80%，不允许有虚焊或表面裂纹。总缺陷<焊缝长度的 10%，且单个缺陷<焊缝长度的 3%，同时缺陷数量≤5 个，如相邻两个缺陷之间的距离<焊缝长度的 2%时，作为一个缺陷评价。焊后可能会出现碳偏聚，要和裂纹区分开。焊接裂纹如图 2-101 所示，焊接碳偏聚如图 2-102 所示。

焊缝平整

图 2-100　合格焊缝

凡事都有两面性，焊接差速器也不例外，它存在的主要问题是，受结构和工艺限制，主减齿轮有可能会影响行星齿轮轴的拆装。在有些情况下，必须先装配好行星齿轮、半轴齿轮和行星齿轮轴之后，才能进行焊接，而且为了保证差速器内部的清洁度，还要做专用的保护工装。此外，由于主减齿轮焊接后，差速器总成为一个不可分割的整体，一旦有个别零件不合格，将使得总成整体报废，损失较大。

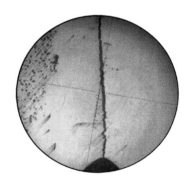

图 2-101　焊接裂纹

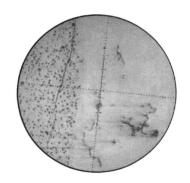

图 2-102　焊接碳偏聚

2.6　P 档机构设计

P 档机构（驻车机构）中的"P"源于英文 Park 中的第一个字母，P 档是在 N 档的基础上演变而来的档位。除了将变速器置于空档模式工作外，还在变速器内部设有棘爪将齿轮轴上的棘轮卡住形成机械锁止，从而锁住驱动轮轴，其功能就是停车后的制动，防止车辆发生移动。汽车生产厂家出于实用安全角度考虑，均将 P 档放在排档操纵台的第一个位置上，并且通过内部机构设定强制只有将换档手柄移到 P 档处才能拔出车钥匙。

P 档原本主要设置在自动变速器中，原因有二：一是自动变速器与发动机之间动力传输常见的形式就是液力变矩器、湿式多片离合器和干式离合器等，它们都需要借助液压力保持硬连接，发动机熄火后变速器油泵无法提供液压力，也就无法实现硬连接；二是内部的档位齿轮，依靠不同的离合器组锁定不同的行星齿轮组来实现传动比的改变，本田的平行轴自动变速器需要液压力将相应档位的多片离合器结合才能保持在档位上，一旦发动机熄火离合器片释放，就相当于空档了。这两个原因的结果就是发动机熄火后，变速器完全是自由的，不能实现锁死整车的功能，而手动变速器是靠人力实现换档，任何档位都可以看作 P 档，手动变速器通过档杆直接驱动换档机构，并且离合器保证了发动机与变速器之间的硬连接。只要停车后随便挂个档位，车轮就与发动机实现硬连接了，可以通过发动机的阻力限制车辆移动。一般来说档位越低车辆越不容易移动。特别是手动档停在坡道上时拉制动器后最好再挂一档，这样就不会溜车了。

新能源汽车减速器的结构与手动变速器和自动变速器都不同，但却兼有两者的性质。虽然没有自动换档机构，但行驶过程中却无需换档，与自动变速器无异；虽然没有离合器，但却通过花键与电动机实现硬连接，形式上又与手动变速器相同，只是电动机停止工作时是不能提供阻力的。因此还是应该看作自动变速器，需要设置 P 档机构，通过锁死齿轮箱内部来防止车辆移动。P 档机构在锁死车辆移动方面，是最可靠的，但其最大的缺点就是结构复杂，增加齿轮箱的设计难度，需要专门的操作或控制单元，成本高。随着技术的进步，并考虑成本因素，现在的许多新能源车采用了 EPB（电子制动装置）驻车制动系统来代替传统的 P 档机构。

1. P 档机构的结构和功能

P 档机构有电动的也有手动的，差异是在操作层面：一个是通过操纵手柄和拉索来实现锁止和解锁；一个是通过控制器和电动机来实现锁止和解锁。两种结构的内部执行机构是类似的，这里主要讨论电动 P 档机构。

电动 P 档机构主要由驱动电动机、驱动轴、棘轮、齿轮轴、棘爪、换档板、支承轴、限位板、锁止弹簧、限位块、复位弹簧和控制器组成，其结构如图 2-103 所示。驱动电动机提供锁止和解锁 P 档的动力，驱动轴与驱动电动机通过扁方或花键结构刚性连接，两端利用壳体，进行支撑并作为限位板和换档板的回转支撑，换档板空套在驱动轴上，可绕驱动轴自由旋转，限位板与驱动轴刚性连接，通过锁止弹簧与换档板发生相互作用。棘轮通过花键固定在齿轮轴上，与齿轮轴一起旋转。棘爪通过支撑轴安装在壳体内。复位弹簧在解锁时对棘爪提供一个向外的扭矩，并在解锁状态提供一个棘爪与换档板相互作用的压力，保证两者始终处于接触状态，避免发生敲击异响。限位块铸造在壳体上，主要限制限位板工作行程。控制器提供控制策略，控制电动机的运动。

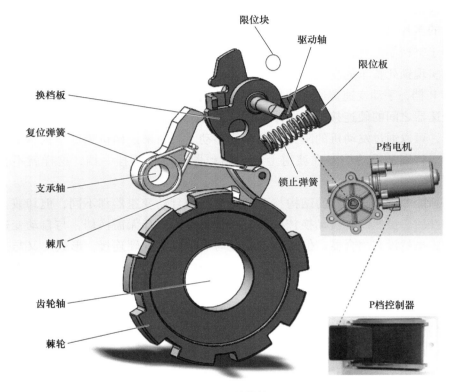

图 2-103　P 档结构图

　　P 档锁止时，驱动电动机启动，带动限位板旋转压缩锁止弹簧，锁止弹簧推动换档板挤压棘爪使其与棘轮啮合。当棘爪被换档板压入棘轮卡槽时，锁死棘轮和齿轮轴，实现驻车功能；解锁时，驱动电动机带动限位板反方向旋转，锁止弹簧被放松，减小对换档板的推力，限位板在反方向与换档板刚性接触，并推动换档板运动，释放对棘爪的压力。棘爪在复位弹簧的扭力和棘轮的推力作用下，脱出棘轮，实现解锁。限位板除了对换档板提供推力外，还有一个重要作用，就是在解锁时，与棘爪的摆臂有接触配合关系，目的是限制棘爪的自由运动，防止棘爪随意进入棘轮，造成不良后果。

2. 设计计算

驻车功能的实现,主要是靠棘爪与棘轮的啮合,此时,棘爪受换档板的压力和棘轮的推力,换档板通过驱动电动机内部的蜗轮蜗杆机构实现自锁。对于一般车辆,驻车的基本要求是,车辆正常行驶过程中,不能误挂入 P 档,在 30% 坡度的路面上能够实现正常解锁。为了满足相关使用要求,P 档机构相关零件的许多细节尺寸都需要进行特别控制。

P 档机构的设计主要须关注两大问题:一是正常行驶时不能发生误挂入的情况,否则会造成严重事故,甚至车毁人亡;二是务必保证在任何情况下都能实现正常解锁,否则会造成车辆无法行驶。对于挂入问题,通常要求车速 6km/h 以上不得挂入,这就涉及棘轮所在齿轮轴的转速及棘轮齿槽和棘爪头部的配合尺寸,需要进行模拟和试验进行确认。

对于解锁问题,比较苛刻的条件是上坡和下坡路况,因为此时,棘轮和棘爪之间会存在一个较大的相互作用力,完全靠电动机的动力和回位弹簧的拉力实现解锁是不现实的。目标是优化产品结构,使得在任何情况下电动机的解锁扭矩都能保持不变或接近。以上坡情况为例,上坡锁止受力图如图 2-104 所示,其中棘爪受力图如图 2-105 所示。此时要想实现解锁,主要是靠车的惯性力转换到棘轮对棘爪的推力来克服摩擦力实现解锁。需要推力 F_N 对棘爪施加的扭矩 $F_N L_2$ 大于摩擦力 μF_N 对棘爪施加的扭矩 $\mu F_N L_1$,即 $F_N L_2 > \mu F_N L_1 \rightarrow \dfrac{L_2}{L_1} > \mu$,这里 μ 是金属之间的摩擦系数,推力 F_N 可以通过坡度、车重计算得到。

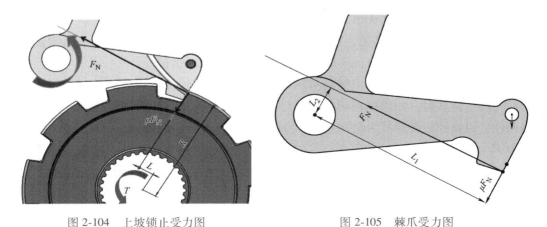

图 2-104 上坡锁止受力图　　　　　　图 2-105 棘爪受力图

某型号减速器匹配的车辆在坡道上的相关参数见表 2-37。

表 2-37　某型号减速器匹配的车辆在坡道上的相关参数

车重/kg	重力系数/(N/kg)	棘轮到车轮传动比	坡度	轮胎半径/m	棘轮轴到车轮齿轮传动比
1800	9.8	3.09	30%（16.7°）	0.31	3.09

棘轮、棘爪的基本参数见表 2-38。

表 2-38　棘轮、棘爪的基本参数

棘轮半径 R/mm	棘轮接触面到中心距离 L/mm	棘爪接触面到中心距离 L_1/mm	棘爪接触面到中心距离 L_2/mm	摩擦系数 μ	棘爪旋转轴直径/mm	复位扭簧最大扭矩/N·m
65.9	8.77	73.84	18.04	0.12	16	0.779

对于两驱车，不考虑其他因素，松开制动器，完全靠 P 档锁止车辆，此时，轮胎与地面摩擦力为整车重量在坡道上的分力，即 $1800×9.8×\sin16.7° = 5069N$，由于没有被 P 档锁止的两个车轮仅起支承作用，基本上不提供摩擦阻力，所以摩擦阻力全部由被 P 档锁止的驱动轮分担。于是，可算出棘轮所在齿轮轴上的扭矩为 $5069×0.31/3.09 = 508.5N·m$。此时对棘轮进行分析，可知 $F_N R + \mu F_N L = 508.5N·m$，推算出棘轮和棘爪的接触面正压力为 $F_N = [508.5/(65.9 + 8.77 × 0.12)]×1000 = 7594.9N$，$F_N$ 在棘爪旋转轴上的正压力与接触位置有关，图 2-105 中位置的正压力为 $7594.9\cos[\text{atan}(L_2/L_1)] = 7594.9\cos[\text{atan}(18.04/73.84)] = 7377.9N$，正压力在棘爪旋转轴上产生的摩擦扭矩为 $7377.9×18.04/2×0.12/1000 = 7.99N·m$。以棘爪为研究对象进行分析，可知 $T = F_N L_2 - \mu F_N L_1 +$ 扭簧扭矩 $-$ 摩擦扭矩 $= (7594.9×18.04 - 0.12×7594.9×73.84)/1000 + 0.779 - 7.99 = 62.5N·m>0$。可得出结论，在没有任何其他动力的情况下，靠车辆自身重量能够把棘爪从棘轮槽中推出，实现解锁。下坡的计算方法类似。

换档板在锁止时，除了把棘爪压入棘轮槽，还起到提供压力防止棘爪脱出的功能。解锁时，如果换档板结构设计不合理，也会出现解锁力过大或卡死的问题。以换档板和棘爪为研究对象，换档板和棘爪受力情况如图 2-106 所示，图中 $F_1 = F_N$，由前文的分析可知，溜坡时，靠车重的惯性力，棘爪有自解锁扭矩 $T = F_N L_2 - \mu F_N L_1 +$ 扭簧扭矩 $-$ 摩擦扭矩。为了防止正常锁止时棘爪脱出，就需要换档板给棘爪一个反向扭矩 $F_2 D_2 = T$，在该扭矩的作用下，棘爪会对换档板产生一个向上的压力 $F_3 = F_2$。

为了保证在坡道上与在平路上解锁时电动机提供相近的扭矩，避免电动机在坡道上解锁时，受力过大，出现卡死情况，结构设计时，应该保证换档板在

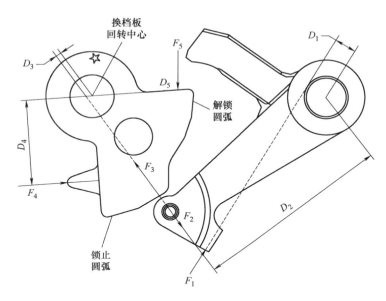

图 2-106　换档板和棘爪受力图

F_3 作用下具有自解锁倾向，即压力 F_3 对换档板作用的旋转扭矩与压力 F_3 派生的摩擦力产生的扭矩基本相当。从而能够使换档板无论在任何情况下，都无需外力或外力很小时就能转动实现解锁。这里 F_3 对换档板的压力方向一定不能通过换档板的旋转中心，要偏向更容易解锁的方向一个距离 D_3，否则，一旦压力 F_3 通过换档板的中心，解锁时，就只能靠电动机的旋转对换档板施加的力 F_5 产生的扭矩来推动换档板，坡度越大，F_3 产生的摩擦扭矩越大，电动机需要提供的扭矩也越大。严重情况下，超出电动机的能力范围，就会出现电机卡死，无法解锁。图 2-107 所示为压力 F_3 通过换档板中心下坡解锁时的换档电动机工作曲线。可以看出，电动机启动时，处于堵转状态，电流瞬间达到较大值，一旦克服静摩擦推动换档板动起来之后，平路上，电动机电流持续降低，直至解锁完成，电流为零，随着坡度增大，压力 F_3 增加，摩擦扭矩也不断变大。在解锁过程中，电动机需要提供更大的驱动扭矩，所以电流增加很明显，在 36.9 ~ 37s 之间，14°下坡的解锁电流为 9A，而平路上的解锁电流只有不到 1A，差异非常大，与目标不相符。图 2-108 所示为压力 F_3 偏向更容易解锁方向上坡解锁时的换档电动机工作曲线。可以看出，30%坡度上的解锁电流变化与平路上基本一直，电动机的扭矩没有随着坡度的增加而增加，与目标相符。

　　由于换档板上的接触圆弧是偏心的，所以随着棘爪与换档板接触圆弧上接触点位置的变化，压力 F_3 及其派生摩擦力绕旋转中心的力臂也在不断变化。换

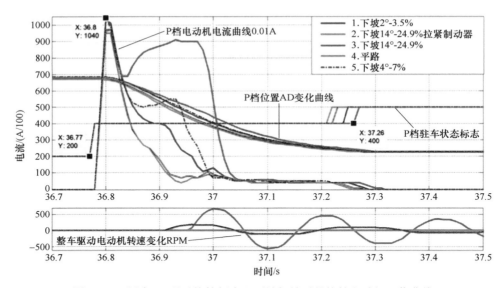

图 2-107　压力 F_3 通过换档板中心下坡解锁时的换档电动机工作曲线

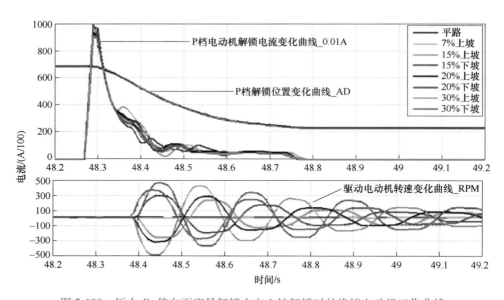

图 2-108　压力 F_3 偏向更容易解锁方向上坡解锁时的换档电动机工作曲线

档板受力情况如图 2-109 所示，压力 F_3 与其派生摩擦力的力臂的比值在起点时最小，然后逐渐增大，在终点时达到最大。也就是说，在锁止圆弧起点处最难解锁，摩擦系数要小一些（图 2-109 中当前位置），如果摩擦系数增大，电动机也需要更大的扭矩。摩擦系数也不能太小，否则可能会出现在极限情况下无法锁止的问题，在棘爪刚被换档板推入棘轮槽时，如果受到突然冲击，瞬间压力会很大，有可能出现棘爪无法锁止被推出的情况（限位板与换档板之间通过弹簧连接，有一定间隙）。为了能保证锁止的可靠性，在其他参数确定的情况下，摩擦系数也是需要关注的因素。

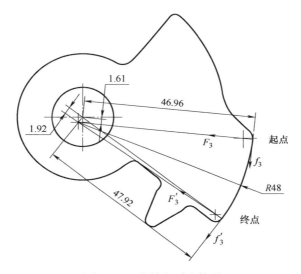

图 2-109　换档板受力情况

棘爪和换档板参数见表 2-39，在锁止起点时压力 F_3 与其派生摩擦力 f_3 的力臂的比值最小为 1.61/46.96 = 0.0343，然后逐渐增大，在锁止终点时压力 F_3' 与其派生摩擦力 f_3' 的力臂的比值达到最大为 1.92/47.92 = 0.04。也就是说，在不考虑其他因素的情况下，在锁止圆弧终点处更容易实现解锁。解锁时，电动机先反向旋转，锁止弹簧弹力被逐渐释放，当换档板和限位板反向接触时，锁止弹簧达到安装时的长度，此时的弹力为 18.45N，此后，电动机通过限位板推动换档板进行解锁。根据前文的内容，可算出换档板在坡道上解锁时的受力情况见表 2-40，进而，可计算出解锁时锁止弹簧和电动机的受力情况见表 2-41。

表 2-39　棘爪和换档板参数

棘爪中心距 D_2/mm	锁止圆弧起点压力力臂/mm	锁止圆弧终点压力力臂/mm	锁止圆弧起点摩擦力臂/mm	锁止圆弧终点摩擦力臂/mm	换档板上距离 D_4/mm	换档板上距离 D_5/mm	摩擦系数
74.77	1.61	1.92	46.96	47.92	33.5	39	0.05

表 2-40　换档板在坡道上解锁时的受力情况

棘爪自解锁扭矩 T/N·m	棘爪对换档板的正压力 $F_2 = F_3$/N	正压力在起点产生的扭矩/N·m	正压力在起点产生的摩擦扭矩/N·m	正压力在终点产生的扭矩/N·m	正压力在起点产生的摩擦扭矩/N·m
62.5	835.9	1.346	1.963	1.605	2.003

表 2-41　解锁时锁止弹簧和电动机的受力情况

驱动弹簧的弹力/N	驱动弹簧产生的扭矩/N·m	电动机在起点需提供的驱动扭矩/N·m	电动机在终点需提供的驱动扭矩/N·m
18.45	0.618	1.235	1.016

3. 其他注意事项

1）当动态挂入时，限位板与换档板的顶尖不能接触，要保留足够的间隙，同时要保证 P 档可靠锁止。否则，卡爪会反复弹出，使换档板反复敲击限位板顶尖，冲击力全部传递到电动机端。

2）弹簧的弹力要进行控制，复位扭簧的弹力太大会导致无法顺利锁止，弹力太小会导致无法及时解锁。锁止弹簧弹力太小，无法克服复位扭簧弹力，会导致锁止力不够，不能正常锁止。

第 **3** 章
润滑系统设计和清洁度要求

3.1　润滑系统设计

　　减速器单体通常采用飞溅润滑方式，即便共用壳体或端盖的一体化动力总成，只要电动机转速不是特别高，电动机不采用油冷系统，就都选择飞溅润滑方式，因为减速器或动力总成的成本、重量、效率等都是很敏感的设计指标。

　　飞溅润滑主要是以箱体作为油箱，将齿轮浸入润滑油中至一定的深度，靠齿轮旋转时飞溅起来的润滑油，利用壳体上的油路（导油槽、积油槽）来实现对轴承、油封和齿轮等需要润滑的部位进行润滑的润滑方式。飞溅润滑可分为单纯油浴润滑（无风扇和冷却盘管）和增强油浴润滑（有风扇或内置冷却盘管），其优点是简单可靠，成本低，缺点是油量有限，容易老化，不能中间过滤，随着运行时间的增加，清洁度变差，润滑效果降低。

　　主动润滑主要是借助油泵把润滑油从减速器回油口泵回进油口，一般以箱体作油箱，外接有冷却装置，此方式是飞溅润滑的升级版。新能源汽车动力总成采用的是飞溅和主动润滑的混合润滑方式，减速器内部既有飞溅，也有主动润滑，电动机内部主要靠主动润滑。其优点是可实现润滑油的中间冷却和过滤，在循环过程中能进行监控，润滑和散热效果优于纯飞溅；缺点是需要增加管路、过滤器、油泵和换热器，有安装条件限制，成本较高。

　　对于减速器润滑的设计思路，在第 2.1 节已经有过部分介绍，本节进一步进行讨论。

3.1.1　润滑油和油量

1. 润滑油

采用飞溅润滑方式的润滑油，由于主要用于减速器内部零件的润滑，因此更多考虑的是零件的防护性。考察指标以润滑油本身的性能为主，如氧化性、乳化性、挥发性、添加剂失效、黏度指数变化、基础油失效等。

采用主动润滑的动力总成，电动机与减速器内部是相通的，共用润滑油。由于减速器和电动机内部的结构和原材料相差较大，因此需要开发专用的润滑油，除了考虑润滑油本身的性能外，更多是考虑与电动机材料的兼容性，对于油品的抗泡性能也需要关注，另外，还要兼顾减速器内齿轴的防护性能（FZG）。

润滑油涉及的指标比较多，主要有运动黏度、黏度指数、倾点、凝点、闪点、密度、酸值和水分等，具体概念如下：

（1）运动黏度 黏度是液体流动时内摩擦力的量度，常被用来评价液体流动性。黏度是润滑油的分类分级、质量鉴别和确定用途的重要指标。当液体受外力流动时，其分子之间会产生内摩擦阻力，摩擦阻力越大，黏度越大，摩擦阻力越小，黏度越小。国际通用的参数是运动黏度，运动黏度是液体在重力作用下流动时内摩擦阻力的量度，单位为 mm^2/s。

（2）黏度指数（简写为 VI） 黏度指数用于评价油品的黏温特性，是润滑油的一项重要品质指标。黏度指数越高，表示油品的黏度受温度的影响越小，其黏温性能越好。黏度指数是用黏温性能较好（VI = 100）和黏温性能较差（VI = 0）的两种润滑油为标准油，以 40℃ 和 100℃ 的黏度为基准进行比较而得出。黏度指数最简便、快捷的求取方法是，利用该油品 40℃ 与 100℃ 的运动黏度，从《石油产品黏度指数算表》（GB/T 2541—1981）中求取。VI 值：35～80 为中黏度指数润滑油；80～110 为高黏度指数润滑油；110 以上为特高级黏度指数润滑油；100～170 为高档次多级润滑油，具有黏度曲线变化平缓性和良好的黏温性。

（3）倾点 倾点是油品在规定的试验条件下，被冷却的试样能够流动的最低温度。

（4）凝点 凝点是试样在规定的条件下冷却到停止移动时的最高温度。

（5）闪点 油品在测试条件下与火焰接触能发生闪火的最低温度称为闪点，也就是指油品在温度不断升高的测试过程中遇到火苗开始闪火的温度。油品的危险等级是根据闪点划分的，闪点在 45℃ 以下为易燃品，45℃ 以上为可燃品。根据消防工程设计及应用，因闪点的不同将可燃液体分为三大类，即：

1）甲类液体：闪点小于 28℃ 的液体（如原油、汽油等）。

2）乙类液体：闪点大于或等于 28℃ 但小于 60℃ 的液体（如喷气燃料、灯用煤油）。

3）丙类液体：闪点大于或等于 60℃ 的液体（重油、柴油、润滑油等）。

（6）密度　润滑油的密度随其组成中含碳、氧、硫的数量的增加而增大，因而在同样黏度或同样相对分子质量的情况下，含芳烃、胶质和沥青质多的润滑油密度最大，含环烷烃多的居中，含烷烃多的最小。油的密度越大，引起金属锈蚀腐蚀的可能性越大，在润滑系统油流湍急的区域，密度较大的油可能会对管道、油路、阀件等接触部件造成侵蚀。润滑油的密度增加，油会更稠。在实际使用过程中，由于油更黏稠，油里的杂质沉降速度会减慢，因此如果油液里有杂质，那么在油箱里就需要更长的时间才能沉降，对于清洁度要求较高的系统更容易受到影响，例如液压系统就需要更长的等待时间。而且，液压系统对油液里的污染物很敏感，如果杂质长时间悬浮在油液里，更容易造成气蚀、元件之间的间隙被杂质淤塞、腐蚀等问题。此外，润滑油的密度并不是一成不变的，随着使用，润滑油会被氧化，氧化会导致润滑油的黏度增大，密度也随之增大。大部分油类的密度为 $700 \sim 950 kg/m^3$，而水的密度是 $1000 kg/m^3$，因此大部分的油都会浮在水上面。

（7）酸值　润滑油中含有酸性物质的指标，单位是 mgKOH/g。酸值分强酸值和弱酸值两种，两者合并即为润滑油的总酸值（简称为 TAN）。通常所说的酸值，实际上是指润滑油的总酸值（TAN）。润滑油酸值的大小对润滑油的使用有很大影响。对于新油来说，这是判断油品精制程度的方法，因为随着精制深度的提高，酸值会降低；另外，润滑油在贮存和使用过程中被氧化变质，酸值也会增大。常用酸值变化的大小来衡量润滑油的氧化安定性，或作为换油指标。根据酸值可推断油品中金属的腐蚀性质，因为溶于油中的低分子有机酸与金属接触，对金属的腐蚀作用很显著，当有机酸与金属作用时，会生成金属盐或皂，加速油品的老化变质，并降低其抗乳化能力。由氧化变质所生成的酸性物质，与金属生成的皂类沉淀物或其他氧化产物的沉淀物易堵塞润滑系统的管路和阀门。因此对于使用中的润滑油，经常测定其酸值对于机器设备的正常运转是很有帮助的。常见油品使用过程中的酸值换油标准（增加值的基准值均是以新油为基准）：齿轮油增加值>1.0（L-CKD），液压油增加值>0.3。

（8）水分　润滑油中的含水量通常用 H_2O 的质量分数表示。润滑油中水分的存在会破坏润滑油形成的油膜，使润滑效果变差，加速有机酸对金属的腐蚀作用，锈蚀设备，使油品容易产生沉渣。因此，润滑油中水分越少越好。美国减速器制造协会标准规定，风电齿轮油中的水分要求在 500×10^{-6} 以下。但最新研究表明，为了提高轴承的寿命，应将水分控制在 150×10^{-6} 以下，这样轴承寿命会提高到原来的 2~3 倍。

（9）FZG 测试　FZG 的全拼是 Forschungsstelle für Zahnräder und Getriebebau

（齿轮和传动机构研究部门）。该测试标准由德国齿轮技术研究所制定，通过模拟实际工作条件下的齿轮传动，进行一系列耐久性和可靠性的测试，可用于评估齿轮传动系统的扭矩传递能力和润滑剂的极限扭矩容忍能力、齿轮传动系统的磨损性能和润滑剂的磨损保护能力，以及齿轮传动系统在微动条件下的载荷承载能力和润滑剂的微动保护能力。润滑油的 FZG 测试主要有两个试验方法，两个试验方法用的齿轮齿数是相同的，小齿轮 16 齿，大齿轮 24 齿，大齿轮连接电动机，是主动齿轮，带动小齿轮运转。测试方法 1 表示为 FZG（A/8.3/90），A 即为 A20，代表齿宽为 20mm，8.3 代表圆周速度为 8.3m/s，90 代表开始试验温度为 90℃；测试方法 2 表示为 FZG（A10/16.6R/90），A10 代表齿宽为 10mm，16.6 代表圆周速度为 16.6m/s，R 表示反转，该方法齿宽更窄，转速更高，并且反转，条件更加苛刻。

采用飞溅润滑方式的减速器，主要考虑齿轮零件的防护性，润滑油黏度相对较大，FZG 值也较高。常用的润滑油主要是 GL-4 75W/90 和 DEXRON Ⅵ，其具体指标见表 3-1。

表 3-1　飞溅润滑油品性能参数

性能	测试项目	单位或说明	测试标准	GL-4 75W/90	DEXRON Ⅵ
通用性	倾点	℃	ASTM D5950	−46	−45
	闪点（COC）	℃	ASTM D92	200	206
	铜腐（121℃/3h）	等级	GB/T 5096	1	1
	泡沫特性	mL	ASTM D892	20/0	5/0
				50/0	5/0
				20/0	5/0
效率	KV40	mm²/s	ASTM D445	70.91	30
	KV100	mm²/s	ASTM D445	14.12	6
	黏度指数（Ⅵ）	—	ASTM D2270	208	151
	BF-20℃	mPa·s	ASTM D2983	2580	9400（BF-40℃）
机械性	FZG	等级，A10/16.6R/90	ASTM D5182	11	5

当前，许多油品厂家都为油冷电驱总成开发了专属的油品。为了提升综合效率，黏度相比传统齿轮油低很多，虽然也兼顾了齿轮的防护性，但还是比传统齿轮油效果差，这就增加了齿轮的工作压力，对齿轮设计提出了更高的要求。嘉实多公司进入新能源汽车油冷动力总成行业较早，其推出的第一代产品 BOT 805C EV 润滑油黏度（100℃）只有 5.2mm²/s，齿轮防护等级为 8，新推出的第二代产品 BOT 383 润滑油黏度（100℃）更是降到了 4.3mm²/s，齿轮防护等

级为 7，其具体指标见表 3-2。另外一家日本的润滑油企业引能仕，也推出了两款润滑油，分别是 CEVM-114 和特别品，黏度更低，分别只有 4.06mm²/s 和 3.3mm²/s，齿轮防护等级分别为 8 和 5，其具体指标见表 3-3。

表 3-2　嘉实多公司油品的指标

性能	测试项目	单位或说明	测试标准	BOT 805C EV	BOT 383
通用性	倾点	℃	ASTM D5950	−48	−51
	闪点（COC）	℃	ASTM D92	208	204
	铜腐（150℃/192h）	等级	GB/T 5096	1a/b	1a/1b
	泡沫特性	mL	ASTM D892	0/0	0/0
				10/0	0/0
				0/0	0/0
效率	KV40	mm²/s	ASTM D445	25.2	18.8
	KV100	mm²/s	ASTM D445	5.2	4.3
	黏度指数（VI）	—	ASTM D2270	145	143
	BF-40℃	mPa·s	ASTM D2983	7260	4385
机械性	FZG	等级，A10/16.6R/90	ASTM D5182	8	7
	FE8 轴承磨损	mg/80℃/80kN/80h/7.5r/min	DIN 51819-3	1	2

表 3-3　日本引能仕公司油品的指标

性能	测试项目	单位或说明	测试标准	CEVM-114	特别品
通用性	倾点	℃	ASTM D5950	−55	−50
	闪点（COC）	℃	ASTM D92	224	170
	铜腐（150℃/168h）	等级	ASTM D130	1a	1a
	泡沫特性	mL	ASTM D892	0/0	0/0
				0/0	0/0
				0/0	0/0
效率	KV40	mm²/s	ASTM D445	16.6	11.8
	KV100	mm²/s	ASTM D445	4.06	3.3
	黏度指数（VI）	—	ASTM D2270	152	161
	BF-40℃	mPa·s	ASTM D2983	2300	1380
机械性	FZG	等级，A10/16.6R/90	ASTM D5182	8	5
	FE8 轴承磨损	mg/80℃/80kN/80h/7.5r/min	DIN 51819-3	0.8	1

2. 油量需求

减速器及动力总成所需油量的多少，通常是经验数据、CAE 分析和台架试验的结合。经验数据比较粗略，可作为选择油泵和换热器的参考，CAE 分析和台架试验可以兼顾不同转速和倾角对润滑的影响，并能进行图像显示，更直观。经验数据、CAE 分析和台架试验相结合，是确定油量的最佳方式。

根据经验可知，减速器和动力总成内部各零件所需的润滑油量和压力范围见表 3-4。

表 3-4　减速器和动力总成内部各零件所需的润滑油量和压力范围

部位	油量/(L/min)	压力/bar	油温/℃
球轴承	0.1~0.2		
锥轴承	0.3		
齿轮	0.2~0.25		
减速器总体	3		
电动机铁心	5		
绕组端部	2~3		
电动机			85~90（进口）
油泵	15（根据实际情况可稍小）	4（出口压力）	
全油路		2.5（压力损失）	
换热器		1（压力损失）	45~65（水温）
			95（进口油温）
油底壳			110~130

根据对飞溅润滑所用油品的油量数据分析（见表 3-5），没有发现明显的规律性，因为影响油量多少的因素很多，如安装角度、壳体结构、总成布置等。唯一的规律就是中心距大的产品，由于内部空间较大，所需油量也会相对多一些，但同中心距不同扭矩或转速的产品，油量也不完全相同，具体油量多少可通过 CAE 模拟和台架试验进行确认。

表 3-5　飞溅润滑减速器的油量

电动机功率/kW	最高转速/(r/min)	减速器扭矩/N·m	中心距/mm	油量/L
15	7600~12000	105~110	161	0.5~0.65
25	7500~13000	80~150	176~189	0.5
29	7500~11000	110~150	161~189	0.7~0.8
40	13500	125	150	0.5

（续）

电动机功率/kW	最高转速/(r/min)	减速器扭矩/N·m	中心距/mm	油量/L
55	13000	120	176~189	0.55~0.75
70	13000~16000	120~150	170~176	0.5~0.6
90	12000	280	210	1.7
120	16000	240	150~189	0.8
120	12000	300	210	1.7
145	9000~12000	220~350	214	1.2~1.6
150	15000	370	172	1.8
160	12000	325	214	1.9
175	14000	360	214	1.5

油量的 CAE 仿真主要是根据经验值确定一个初始油量 Q，设置初始油面高度并按照表 3-6 进行更新迭代。这里主要借助计算分析软件 nanoFluidX 或 Particleworks，利用无网格划分的移动粒子半隐式法（MPS）进行仿真分析。

表 3-6　油量与液面高度关系参考表

序号	油量/L（$Q \leq 2.0$L 时）	油量/L（$Q > 2.0$L 时）	液面高度（液面与输入轴中心高度差 Δh）
1	$Q+0.3$	$Q+0.6$	Δh_1
2	$Q+0.2$	$Q+0.4$	Δh_2
3	$Q+0.1$	$Q+0.2$	Δh_3
4	Q	Q	Δh_4
5	$Q-0.1$	$Q-0.2$	Δh_5
6	$Q-0.2$	$Q-0.4$	Δh_6
7	$Q-0.3$	$Q-0.6$	Δh_7

3.1.2　油路设计、分析和关键零部件选型

1. 油路设计和分析

对于飞溅润滑的油路设计，主要是在壳体上设计一些油槽（集油槽），把润滑油导入需要润滑的相应位置，这些内容，在壳体设计一节已经进行了较为详细的说明，这里主要讨论主动润滑的设计思路。主动润滑比飞溅润滑复杂很多，需要引入电子油泵进行泵油，利用过滤器（过滤网）对润滑油进行过滤，保证进入油泵及管路的润滑油清洁，还需要通过散热器降低润滑油的温度，本节先

介绍油路。

以某个动力总成的油路设计为例，对于需要润滑的位置，都设计了油路进行连通，然后，把完整的油路提取出来，如图 3-1 所示。干路直径为 $\phi10\sim$ 13mm，减速器内部支路直径为 $\phi6\sim8$mm，通往电动机的支路直径为 $\phi8\sim10$mm，末路直径为 $\phi2\sim6$mm，三岔路位置可通过不同的油路直径进行油量分配。

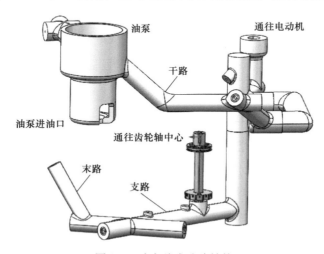

图 3-1　动力总成油路结构

1）将原管道三维模型导入到 Workbench 抽取油路，并进行边界条件命名，设置入口、壁面和出口边界。然后将命名完成的模型导入 Fluent-Meshing 划分网格，首先进行面网格划分，选择几何类型为只有流体区域，入口边界条件为 mass-flow-inlet，出口边界条件为 pressure-outlet，壁面条件为 wall。

2）作网格无关性验证，最小正交质量大于 0.2，控制误差在 2% 以内，需符合计算需要。

3）按照实际减速器放置角度，设置油路重力加速度数值大小，油路模型放置如图 3-2 所示。

4）设置湍流模型，一般选用 realizable $k\text{-}\varepsilon$ 湍流模型和可扩展壁面函数方法，设置

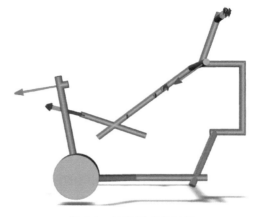

图 3-2　油路模型放置图

油液密度、入口质量流量等参数，对流项采用二阶迎风格式，扩散项采用中心差分格式，收敛残差值设置为 $1×10^{-5}$。

5）后处理查看流量、速度和压力变化。

由数学模型可以看出，通往电动机转子出油口的结构设计十分复杂，是个典型的复杂空间孔系，纵横交错地存在着多条大小长短不一的管道，可以分为直角转弯管道、突扩（缩）管道、交叉管道等。这样的直角设计容易构成涡流造成局部能量损失，图 3-3 所示为油路压力云图。可以看出，润滑油在每经过一个拐角转向时，都会有至少 1000Pa 的压力损失，润滑管道直角转弯过多，可能会导致电动机转子进口油液由于摩擦温度增加和流量减少的问题，进而造成电动机润滑不足而发热。

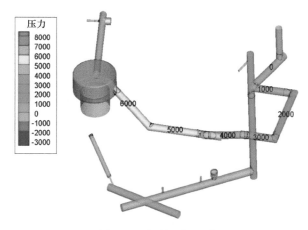

图 3-3　油路压力云图

通过对不同转角油路的对比（见图 3-4），可以清晰地看出，流线遇到直角后内径出现涡流，并且外径直角处的流速为 0m/s，整个流场速度分布不均匀。随着内径倒圆角半径的增大，内径处涡流消失，流体流动更加稳定，外径拐角处不会出现流场停滞区。由此可知，对于拐角多的管道，消除能量损失的一种比较好的方法是可以通过增大拐角处的圆角半径、改善流动减少损失。因此油路进行分流时，应尽可能采用大的角度。

2. 油泵的选型

油泵是主动润滑的核心部件，通过它提供的压力，把润滑油送到各个部位。新能源汽车动力总成所选的油泵，既要效率高，也要噪声低，还要性价比高，此外，体积、重量、防水、控制等也是考虑的因素。当前，新能源汽车动力总成主要选择电子油泵，电子油泵的性能参数主要有以下几类：

1）流量：单位时间内流过某一断面的液体量（体积或质量），用 Q 表示，单位是 m^3/h、m^3/s、L/min。

2）扬程：单位质量的液体由泵的入口被输送至出口能量的增值，用 H 表示，单位是 MPa、m。

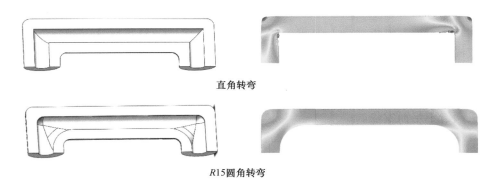

直角转弯

$R15$圆角转弯

图 3-4　直角/圆角油路涡流对比图

3）转速：轴单位时间内的转数，用 n 表示，单位是 r/min。

4）额定功率：电器正常工作时的功率，它的值为电器的额定电压乘以额定电流，用 N 表示，单位是 kW。

5）工作电压：系统工作电压，一般为 12V 或 24V。

6）防护等级：防尘防水能力，如 IP6K9K 指的是防止灰尘和高温高压水的侵入。

图 3-5 所示为某款电子油泵的外观和性能参数。

适用介质	变速箱油
额定功率/W	120(标准功率)/150(强化功率)
环境温度/℃	−40～85
介质温度/℃	−40～100
工作电压/V	9~16(系统电压12)/9~28(系统电压24)
最大扬程/kPa	500
最大流量/(L/min)	18
防护等级	IP6K9K
产品质量/g	820
产品尺寸/mm	75×129
通信模式	LIN/CAN/CANFD

图 3-5　某款电子油泵的外观和性能参数

车用电子油泵是由电动机驱动的摆线转子油泵，主要由内转子、外转子、进油口和排油口等组成，其结构如图 3-6 所示。总成装配时将其放入减速器中，为电动机和减速器的冷却和润滑提供有效的润滑油量。

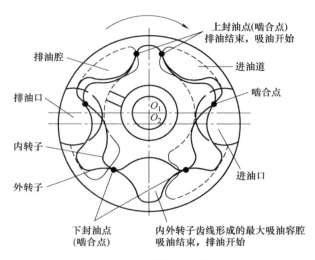

图 3-6　转子油泵结构图

当油泵内转子围绕中心 O_1 顺时针转动时，带动外转子绕转子中心 O_2 作同向转动。这时，由内转子齿线和外转子齿线形成密封容腔，随着转子的转动，内、外转子齿线由两个啮合点之间形成的吸油腔密封容积逐渐扩大，形成真空度，在大气的压力下油泵吸入油液；同时，内、外转子齿线由两个啮合点之间形成的排油腔密封容积逐渐缩小，在压力作用下排出油液，内、外转子的齿线在两个啮合点间形成最大空间时（图 3-6 中下封油点），吸油完毕，排油开始。当转子继续旋转时，内、外转子齿线两个啮合点形成的排油腔密封容积便逐渐减小，油液受挤压，于是经排油口排出，至内转子的一齿与外转子两齿啮合（图 3-6 中上封油点）时，排油完毕。内转子每转一周，与外转子形成 5 次吸油、排油，当内转子连续转动时，即完成了油泵的吸油、排油过程。

油泵的选择，流量和压力是两个重要指标。选择线齿轮泵时，以大流量为依据，兼顾正常流量，在没有大流量时，通常可取正常流量的 1.1 倍作为大流量，对于压力，一般要用扩大 5%～10% 余量后的压力来选择摆线转子泵的型号，包括吸油压力、排油压力、管道系统的压力损失，可参考表 3-4 进行初选。

在通信方面，电子油泵一般采用 CAN 通信，因为 CAN 通信的传输帧数高，速率快。

107

3. 散热器的选型

散热器的作用很简单，就是对润滑油进行冷却，原理也很容易理解，内部有两套通路：一套通过润滑油（热侧），一套通过冷却水（冷侧）。电子油泵泵出的润滑油，经过换热器热侧通道，可以与冷测的冷却水发生冷热交换作用从而将热量传递出去，冷却侧则通过冷侧通道将热量带走，可以保证润滑油处于最合适的工作温度。散热器外观如图3-7所示。

为了适应电驱动总成小型化的发展趋势，散热器常使用板翅式结构，因其具有紧凑式传热表面的特点。紧凑式散热器具有以下特性：换热表面具有高比表面积（即面积体积比大于 $1300 m^2/m^3$）、高效的换热

图 3-7　散热器外观

性能和大换热单元数，一般用于冷热侧换热系数相差较大及具有复杂流道的场合。板翅式散热器相对于管壳式散热器具有结构紧凑、轻巧的优点，其传热效率可提高 $20\% \sim 30\%$，成本也比管壳式散热器低 50%。

板翅式机油散热器由油侧翅片和水侧翅片相互层叠钎焊而成，当散热器工作时，油侧高温的润滑油通过内部翅片传热到水侧的冷却液，从而有效地达到降温的目的，使润滑油温度保持在一定范围内，保证动力总成的正常运行。为了增大润滑油和冷却液的换热系数，散热器内部常采用紧凑的换热表面来提高换热量。对于散热器的制造材料，常根据使用场合一般在不锈钢或铝之间进行选择，使用不锈钢的散热器一般用于工作环境恶劣的重载车辆，铝制散热器一般用于乘用车，这是由于不锈钢相对铝具有更高的强度，可靠性更高。然而也正是由于不锈钢具有更高的强度，使得散热器内部翅片的加工制造具有更大的难度，加工工艺难度的增加导致成品率的降低，产品同一性也不能得到有效保证，对模具制造有更高的要求。

板翅式散热器一般由隔板、翅片和封条等元件组成。在相邻两隔板之间放置翅片和封条，组成一个夹层，构成通道。由一定数量的通道按一定的方式排列在一起的组件为板束。将单个或多个板束根据流体的不同流动形式叠置起来钎焊成整体，便组成芯体。芯体是板翅式散热器的核心部件，配以必要的封头、接管和支承就组成了板翅式散热器。板翅式散热器的内部结构如图3-8所示。

翅片是板翅式散热器的基本元件，在传热过程中主要通过翅片的热传导及翅片与流体之间的对流换热来完成。翅片的作用是：

1）扩大传热面积，提高紧凑性。翅片可看做是隔板的延伸和扩展，同时，由于翅片具有比隔板大得多的表面积，因此使紧凑性系数明显增大。

2）提高传热效率。由于翅片的特殊结构，流体在通道中形成强烈的扰动，使边界层不断地破裂和再生，从而有效地降低热阻，提高传热效率。

3）提高散热器的强度和承压能力。由于翅片的支撑加固，

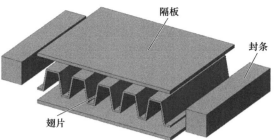

图 3-8   板翅式散热器的内部结构

使芯体形成牢固的整体，因此尽管隔板与翅片都很薄，却能承受较大的压力。

板翅式散热器尽管有传热效率高、结构紧凑、适应性强等优点，但也有制造工艺复杂、要求严格的缺点，并且由于受结构影响，其工作压力、温度也有一定限制，对清洁度要求高，此外，还易出现水垢堵塞、水中颗粒物磨穿隔板、气泡汽蚀等问题。

散热器的作用是换热，所以选型时，最重要的指标就是冷却流量、散热功率和压力损失，此外，由于通过的液体压力较大，还要考虑气密性的要求。

散热器初选时，可根据已知条件（见表 3-7）结合散热器样本，根据换热效率 η、进口油温 t_1、进口水温 t_2，利用公式 $t_1' = t_1 - \eta(t_1 - t_2)$ 求出出口油温，看是否满足要求，并进行调整来确定各相关温度。根据公式 $\dfrac{\varPhi}{W_{\min}} = \eta(t_1 - t_2)$，及 $W_1 = W_{\min} = C_{P1}\rho_1 V_1$，$W_2 = W_{\max} = C_{P2}\rho_2 V_2$，$t_2' = t_2 + \dfrac{\varPhi}{W_2}$，可确定其他相关参数（见表 3-8），式中润滑油的比热容 C_{P1} 按 2.2kJ/（kg·K），冷却水的比热容 C_{P2} 按 4.2kJ/（kg·K），ρ_1 为润滑油的密度 793.5kg/m^3，ρ_2 为冷却水的密度 980kg/m^3，V_1 为润滑油的流量，V_2 为冷却水的流量。

对于散热器的压降，计算相对复杂，并且产品设计时已经确定，可直接参考样本数据。

表 3-7   散热器的已知条件

进口油温 t_1/℃	进口水温 t_2/℃	换热效率 η	油密度 ρ_1/（kg/m^3）	水密度 ρ_2/（kg/m^3）	油比热容 C_{P1}/[kJ/（kg·K）]	水比热容 C_{P2}/[kJ/（kg·K）]
100	65	97	793.5	980	2.2	4.2

表 3-8 散热器的计算数据

油侧热容量W_{min}/ [J/(s·K)]	水侧热容量 W_{max}/[J/(s·K)]	油流量V_1/ (L/min)	水流量V_2/ (L/min)	出口油温 t'_1/℃	出口水温 t'_2/℃	散热功率 Φ/kW
174.57	411.6	6	6	66.05	79.4	5.93

案例：

某一油冷动力总成项目，选择了表 3-9 的散热器，利用前述内容对其进行校核，密度、比热容和效率都作为已知条件，校核结果见表 3-10。可以看出，出口油温基本上被控制在 52℃ 以下，变化不大，而水温根据润滑油的流量和温度不同，温度变化较大，最高温度接近 95℃，所选散热器参数合理。

表 3-9 散热器的技术参数

序号	油流量/ (L/min)	入口油温/ ℃	冷却水流量 /(L/min)	入口冷却 水温/℃	散热功率/ kW	油侧压降/ kPa	冷却水侧压降/ kPa
1	18	90	10	50	≥8.3	≤10	≤12
2	15	90	10	50	≥7.6	≤10	≤12
3	18	110	10	50	≥12.4	≤10	≤12
4	15	110	10	50	≥11.6	≤10	≤12

表 3-10 散热器的校核数据

序号	油侧热容量W_{min}/ [J/(s·K)]	水侧热容量W_{max}/ [J/(s·K)]	散热功率 Φ/kW	出口油温t'_1 /℃	出口水温t'_2 /℃
1	523.71	686	20.32	51.2	79.62
2	436.425	686	16.93	51.2	74.68
3	523.71	686	30.48	51.8	94.43
4	436.425	686	25.40	51.8	87.03

4. 过滤网的选型

对于新能源汽车减速器单体，不需要采用过滤系统，也没有过滤网，过滤网主要用在油冷新能源汽车动力总成上，防止大的颗粒进入油路、油泵和电动机，阻塞通道或损坏元器件，造成严重的损失。常规的油冷系统通常采用两套过滤装置，电子油泵之前设有粗滤装置（吸滤），网孔尺寸为 0.1mm，主要过滤掉尺寸较大的颗粒物，进入散热器之前加装有精滤装置（压滤），网孔尺寸为 0.02mm，过滤掉更细微的杂质，因为有些杂质个体虽然较小，但在润滑油的作用下，如果量足够多，也会聚集粘接成较大的体积。

粗滤结构比较简单，主要由骨架和滤网两部分组成。其中骨架采用 PA66 尼龙材料模具成形，而滤网采用 SUS 304 不锈钢材料成形，如图 3-9 所示。

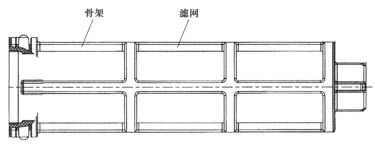

图 3-9 粗滤结构示意图

精滤装置的结构较粗滤装置稍微复杂一点，如图 3-10 所示。由于其滤网孔隙尺寸较小，容易堵塞，为了防止杂质过多时堵塞滤网，因通过过滤器的润滑油不足造成电动机损坏，所以其结构除了由骨架和滤网构成外，还设有旁通阀。当滤网被堵塞时，进入电动机的润滑油量减少，压力增大，旁通阀打开，及时补充润滑油进入电动机，但此时进入电动机的润滑油是没有经过精滤过滤的，部分杂质也一同进入了电动机，对电动机的性能会产生影响，因此精滤要定期更换。

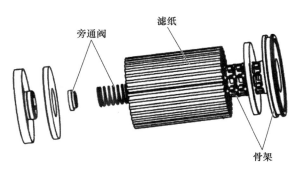

图 3-10 精滤装置结构示意图

3.2 清洁度要求

清洁度的概念最早应用于航空航天行业。20 世纪 60 年代初美国汽车工程师协会和美国宇航工业协会开始使用统一的清洁度标准，从而全面地应用于航空和汽车行业。清洁度表示零件或产品清洗后在其表面上残留的污物量。一般来说，污物的量包括种类、形状、尺寸、数量和重量等衡量指标，具体用何种指标取决于不同污物对产品质量的影响程度和清洁度控制精度的要求。

减速器中存在的颗粒污染物，已证明是影响减速器寿命和可靠性的一个主要因素。零件制造和总成装配过程中的颗粒残余物将导致减速器使用过程中的磨损速率显著增加，有时甚至可能导致灾难性故障。为使得减速器达到可靠的性能，有必要对生产过程中产生的颗粒物数量进行控制，其中微粒污染物的测量值可作为控制的基础。

现代汽车减速器的功能和性能对单一或几种临界尺寸颗粒的存在性很敏感，虽然已经存在 ISO 16232：2018 系列标准，以满足汽车工业的要求，但随着新能源汽车的异军突起，高转速大扭矩减速器和多合一油冷动力总成的不断推出，减速器的清洁度不可避免地需要更高的标准。根据实际的使用情况，结合现行的行业标准，提出了新能源汽车减速器及动力总成的清洁度要求。

清洁度检测方式可参考现有标准 ISO 16232：2018，需要注意的是，空白试验时，除了要考虑来自环境、操作条件、设备和产品的污染物的影响，还要考虑润滑油添加剂的影响。润滑油出厂清洁度通常为 ISO 17/15，即用 $5\mu m$ 和 $15\mu m$ 的滤纸进行判断，如果选择的滤膜在这个范围内，应先排除润滑油本身添加剂的影响。

1. 检测类别

减速器总成清洁度分为减速器总成不解体清洁度（以下简称为"不解体清洁度"）和减速器总成解体清洁度（以下简称为"解体清洁度"）。

不解体清洁度是指不解体通过下线性能检验的减速器总成，用规定方法收集减速器内腔中的工作油液，检测其所含杂质颗粒的质量、尺寸和种类。不解体清洁度适用于批量生产的清洁度快速检测。要求如下：

1）减速器总成磨合和清洗时采用符合相关规定的润滑油（总成下线测试油或客户指定用油）。

2）抽样总成磨合要求：按减速器总成油量加注量要求加入洁净的润滑油，输入轴转速为最高输入转速的 50%，偏差为±10r/min，输入轴扭矩为最大输入扭矩的 50%，偏差为±5N·m，正转磨合时间不少于 1h，反转磨合时间不少于 0.5h。

3）收集被检减速器总成内的全部工作油液于洁净的容器内，在收集工作油液的过程中要注意不要把减速器总成外部的杂质混入到收集的工作油液中。

4）清洁度杂质应包括磁性注放油螺塞上吸附的杂质。

解体清洁度是指完全解体通过下线性能检验的减速器总成，用规定方法收集减速器内腔中的润滑油并检测拆解零部件规定部位的清洁度。解体清洁度是工作油液和所有拆解零部件所含杂质颗粒质量的总和。如果需要，也可以结合杂质质量或最大颗粒的尺寸来表示，例如杂质质量+最大颗粒尺寸。解体清洁度适用于评价整体工艺水平和过程控制能力。要求如下：

1）收集被检减速器总成内的全部工作油液于洁净的容器内，在收集工作油液的过程中要注意不要把减速器总成外部的杂质混入到收集的工作油液中。

2）将总成拆散至单件或分总成，如输入轴总成、输出轴总成、减速器后壳总成等。对于压配件、焊接件、粘接件或不易拆卸的连接件禁止解体，因为如果继续拆解会产生拆散残留物。解体过程应防止零件的磕伤、划伤，注意随时收集、处理解体中得到的不属于清洁度考核范围的异物。

3）按照 GB/T 41481—2022 中污染物的提取方式对解体的减速器零件进行清洗，拆解产生的颗粒应立即清除，所有工具和辅助设备应保持清洁，避免摩擦。冲洗不掉的残留物（如密封胶等）不允许敲打或硬性剔除（该部分残留物不作考核），附着在零件上的残屑（如在壳体内）应通过观察后用钩子挑落，再利用过滤器过滤后计入总量。被检测零件的清洗过程可以重复进行，对于同类零件可以运用同样的方法。

2. 抽样规则

（1）减速器总成

1）减速器总成抽样方法。从已完成总成性能检验并合格的总成中随机抽取，在入库前或仓库中随机抽取均可。

2）减速器总成抽样基数。手工样机和小批量流水线生产的总成，按产品平台或产品系列分别进行抽样，每个平台或每个系列不少于 1 台/批。

大批量流水线生产的总成，按产品平台或产品系列分别进行抽样，每个平台或每个系列不少于 2 台/月。

（2）零部件

1）零部件抽样方法。按图样要求，对直接上线安装零部件，在机械加工生产线末端最终清洗之后装配之前随机抽取，对清洗后上线安装的零部件，在上装配线前清洗之后，装配之前随机抽取。

2）零部件采样数量。为准确评价零部件的清洁度水平，零部件的采样数量按表 3-11 规定，零部件的平均污染物含量作为该零部件的清洁度水平。

表 3-11　零部件的采样数量

清洁度要求 M/mg		采样数量
≥	<	
0	0.1	50
0.1	1.0	20
1.0	3.0	10
3.0	10	5
10		1

（3）零部件抽样频次　不少于 1 次/半月。

3. 清洁度标准

（1）减速器总成清洁度

1）油冷电动机用减速器采用 10μm 滤膜过滤，水冷电动机用减速器采用

20μm 滤膜过滤，或按客户指定规格的滤膜过滤。油冷电动机用减速器比水冷电动机用减速器采用的过滤膜孔径更小，要求更高，是因为油冷系统有过滤网存在，过多的细小污染物可能对运转件的性能影响不大，但如果被润滑油聚集在一起，粘结在过滤网上，会严重影响油泵、散热器和油路的正常工作。在油路中，安装在电动机之前的压力滤清器，通常要求异物小于 20μm，因此这里对油冷电动机用减速器采用 10μm 滤膜进行检测，对于水冷电动机用减速器，由于没有过滤系统，可适当放宽。

2）减速器总成清洁度要求按 50mg/L 执行，减速器颗粒要求：金属颗粒尺寸≤600μm，最大金属颗粒质量 ≤2mg，非金属颗粒尺寸 ≤1mm，纤维尺寸≤4mm，或按客户指定清洁度要求执行。对于水冷电动机用减速器，控制其清洁度，主要是为了给轴承、油封和齿轮提供一个良好的工作环境，其中，影响最大的是轴承，理论上清洁度越高越好，但事实上绝对清洁是不存在的。轴承零件出厂清洁度允许的金属颗粒尺寸基本为 400~600μm，因此对于金属颗粒，以 600μm 为控制上限。油冷电动机用减速器，由于电动机和减速器共油路，所以金属颗粒尺寸大小，主要考虑电动机内部的间隙，通常控制在 600μm 以下也可满足要求。金属颗粒单体质量并不是必要考虑因素。

（2）零部件清洁度

1）检测零部件清洁度时采用滤膜+滤网，允许采用的清洗剂为 NY-120 溶剂油、AP760 清洗剂、无水乙醇、三氯甲烷、航空洗涤汽油。

2）零部件清洁度的计算方式：设 S 为减速器中润滑油油流经过该零部件表面的面积（单位：cm^2），M_a 是每 $1000cm^2$ 允许的污物质量（单位：mg），则单个零部件的污物质量 M_{cp} 要求为：$M_{cp} \leq M_a S/1000$（mg）。

3）计入减速器总成清洁度要求的全部零部件的污物总质量，必须不大于减速器总成的清洁度要求。

4）零部件图样中有清洁度要求，但是没有说明滤膜规格的，表示默认滤膜规格为 5μm。

5）轴承、油封和电气元件，清洁度要求按相关国家标准。

（3）检测报告　清洁度检测报告中至少应包括以下内容：被测试的零部件或总成的型号、名称、图号，清洁度的测定值，最大颗粒尺寸的测定值，测定时间、测量机构和人员，测量结果（判断清洁度是否合格）。

（4）案例　表 3-12 是水冷电动机用减速器和油冷动力总成清洁度样例，其中的水冷系统，客户要求 5μm 滤纸，而油冷系统，客户只要求 10μm 滤纸，在实际使用过程中都没有发现明显异常，设计过程中可进行参考。

表3-12 水冷电动机用减速器和油冷动力总成清洁度样例

零件	水冷电动机用减速器			油冷系统		
	杂质质量/mg	滤网/μm	颗粒要求	杂质质量/mg	滤网/μm	颗粒要求
减速器总成	<50	5	金属颗粒尺寸<600，非金属颗粒尺寸<1.8mm，纤维尺寸<4mm	<60	10	金属颗粒尺寸≤600μm，非金属颗粒尺寸<1mm，纤维尺寸≤4mm
减速器前壳	<5	5	金属颗粒尺寸<600μm，非金属颗粒尺寸<1.8mm，纤维尺寸<4mm	<10	10	金属颗粒尺寸≤600μm，非金属颗粒尺寸<1mm，纤维尺寸≤4mm
油封-输入轴	<0.3	5	金属颗粒尺寸<300μm，非金属颗粒尺寸<600μm			
差速器油封-前壳，后壳	<0.3	5	金属颗粒尺寸<300μm，非金属颗粒尺寸<600μm	<0.4	5	金属颗粒尺寸≤600μm，非金属颗粒尺寸<1mm，不允许有金属丝
导油槽	<0.25	5	金属颗粒尺寸<400μm，非金属颗粒尺寸<1mm，纤维尺寸<1.6mm			
减速器后壳	<5	5	金属颗粒尺寸<600μm，非金属颗粒尺寸<1.8mm，纤维尺寸<4mm	<5	10	金属颗粒尺寸≤600μm，非金属颗粒尺寸<1mm，纤维尺寸≤4mm
碗形塞片	<0.15	5	金属颗粒尺寸<400μm，非金属颗粒尺寸<1mm，纤维尺寸<1.6mm			
调整垫片-差速器壳体锥轴承	<0.25	5	金属颗粒尺寸<400μm，非金属颗粒尺寸<1mm，纤维尺寸<1.6mm	≤0.2	5	金属颗粒尺寸≤600μm，非金属颗粒尺寸<1mm，纤维尺寸≤4mm

（续）

零件	水冷电动机用减速器			油冷系统		
	杂质质量/mg	滤网/μm	颗粒要求	杂质质量/mg	滤网/μm	颗粒要求
输入轴	<2	5	金属颗粒尺寸<400μm，非金属颗粒尺寸<1mm，纤维尺寸<1.6mm	≤2.5	5	金属颗粒尺寸<600μm，非金属颗粒尺寸<1mm，纤维尺寸<4mm
冷却硬管				≤0.3	5	金属颗粒尺寸≤600μm，不允许有金属纤维，非金属纤维尺寸≤2mm
O形密封圈				≤0.1	5	金属颗粒尺寸≤50μm，非金属颗粒尺寸<1mm，纤维尺寸≤4mm
轴承-输入轴前端	<0.8	5	杂质颗粒尺寸<600μm	<0.8	5	杂质颗粒尺寸<600μm
轴承-输入轴后端	<0.8	5	杂质颗粒尺寸<600μm	<0.8	5	杂质颗粒尺寸<600μm
调整垫片-输入轴轴承	<0.25	5	金属颗粒尺寸<400μm，非金属颗粒尺寸<1mm，纤维尺寸<1.6mm	≤0.1	5	金属颗粒尺寸<600μm，非金属颗粒尺寸<1mm，纤维尺寸≤4mm
中间轴带齿轮总成	<4	5	金属颗粒尺寸<400μm，非金属颗粒尺寸<1mm，纤维尺寸<1.6mm	≤7.5	5	金属颗粒尺寸<600μm，非金属颗粒尺寸<1mm，纤维尺寸≤4mm
中间轴	<2	5	金属颗粒尺寸<400μm，非金属颗粒尺寸<1mm，纤维尺寸<1.6mm			

（续）

零件	水冷电动机用减速器			油冷系统		
	杂质质量/mg	滤网/μm	颗粒要求	杂质质量/mg	滤网/μm	颗粒要求
从动齿轮-中间轴	<2	5	金属颗粒尺寸<400μm，非金属颗粒尺寸<1mm，纤维尺寸<1.6mm			
输出轴轴承	<0.8	5	杂质颗粒尺寸<600μm	<0.8	5	杂质颗粒尺寸<600μm
隔套-输出轴	<0.25	5	金属颗粒尺寸<400μm，非金属颗粒尺寸<1mm，纤维尺寸<1.6mm			
内六角螺塞	<0.2	5	金属颗粒尺寸<400μm，非金属颗粒尺寸<1mm，纤维尺寸<1.6mm			
调整垫片-中间轴轴承	<0.25	5	金属颗粒尺寸<400μm，非金属颗粒尺寸<1mm，纤维尺寸<1.6mm	≤0.1	5	金属颗粒尺寸≤600μm，非金属颗粒尺寸<1mm，纤维尺寸≤4mm
差速器总成	<17.5	5	金属颗粒尺寸<400μm，非金属颗粒尺寸<1mm，纤维尺寸<1.6mm			
主减速从动齿轮				≤7	5	金属颗粒尺寸≤600μm，非金属颗粒尺寸<1mm，纤维尺寸≤4mm
差速器壳				≤6	5	金属颗粒尺寸≤600μm，非金属颗粒尺寸<1mm，纤维尺寸≤4mm
半轴齿轮				≤1	5	金属颗粒尺寸≤600μm，非金属颗粒尺寸<1mm，纤维尺寸≤4mm

117

（续）

零件	水冷电动机用减速器			油冷系统		
	杂质质量/mg	滤网/μm	颗粒要求	杂质质量/mg	滤网/μm	颗粒要求
行星齿轮				≤0.5	5	金属颗粒尺寸≤600μm，非金属颗粒尺寸<1mm，纤维尺寸≤4mm
行星齿轮轴				≤0.5	5	金属颗粒尺寸≤600μm，非金属颗粒尺寸<1mm，纤维尺寸≤4mm
卷式弹簧销				≤0.3	5	金属颗粒尺寸≤600μm，非金属颗粒尺寸<1mm，纤维尺寸≤4mm
垫片-行星齿轮				≤0.14	5	金属颗粒尺寸≤600μm，非金属颗粒尺寸<1mm，纤维尺寸≤4mm
调整垫片-半轴齿轮				≤0.15	5	金属颗粒尺寸≤50μm，非金属颗粒尺寸<1mm，纤维尺寸≤4mm
差速器螺栓				≤0.15	5	金属颗粒尺寸≤50μm，非金属颗粒尺寸<1mm，纤维尺寸≤4mm
差速器轴承	<0.8	5	杂质颗粒尺寸<600μm	<0.8	5	杂质颗粒尺寸<600μm
安全滤网总成				<1	5	最大颗粒尺寸≤600μm，不允许有金属纤维，最大非金属纤维长度≤2mm
散热器总成				≤3	5	最大颗粒尺寸≤600μm，最大纤维颗粒尺寸≤4mm
电动油泵带控制单元总成				≤2	5	最大颗粒尺寸≤600μm，最大纤维颗粒尺寸≤4mm，不允许有金属纤维

（续）

零件	水冷电动机用减速器			油冷系统		
	杂质质量/mg	滤网/μm	颗粒要求	杂质质量/mg	滤网/μm	颗粒要求
压力滤清器总成-润滑系统				<2	5	最大颗粒尺寸≤600μm
O 形密封圈-润滑系统				<0.01	5	最大颗粒尺寸≤600μm
放油螺塞总成	<0.4	5	金属颗粒尺寸≤400μm，非金属颗粒尺寸≤1mm，纤维尺寸≤1.6mm			
放油螺塞	<0.4	5	金属颗粒尺寸≤400μm，非金属颗粒尺寸≤1mm，纤维尺寸≤1.6mm			
密封垫圈	≤0.2	5	杂质颗粒尺寸≤600μm			
里程表主动齿轮	≤0.3	5	杂质颗粒尺寸≤300μm			
里程表从动齿轮总成	≤0.6	5	杂质颗粒尺寸≤300μm			

第 **4** 章

NVH 优化和传动效率优化

4.1　NVH 优化

中国新能源汽车经过十多年的迅速发展，国内市场一片繁荣、国际市场也逐渐被打开。由于电驱动系统高转速、多模态的特点，并且没有发动机轰鸣声的掩盖，伴随而来的是齿轮啸叫噪声问题变得尖锐而频繁，已经成为客户抱怨的头号问题。通常，整车上的要求是，驾驶员耳边，减速器一级齿轮噪声不大于 35dB，二级齿轮噪声不大于 65dB，为了满足该要求，产品下线的测试要求是 1m 距离减速器噪声不大于 70dB，如果是进行近场测试（20~30mm 距离），则要求减速器噪声不大于 80dB，并且不能有异响。

行业内常通过 NVH 即噪声（Noise）、振动（Vibration）和声振粗糙度（Harshness）来描述汽车噪声，NVH 特性作为高水平新能源汽车性能的关键指标之一，近年来越来越多的国内学者争相研究。目前业内改善汽车 NVH 特性的方法主要有被动隔振、增加悬置、改善壳体、优化轴承刚度、降低激励源等，每种方法的验证，都需要投入大量的时间成本和经济成本，这里主要讨论与减速器 NVH 直接相关的因素。

造成减速器 NVH 问题的原因有很多，有齿轮质量问题、花键质量问题、壳体刚度问题、干涉问题、电动机的匹配问题和整车悬置问题等，甚至润滑油的油量和黏度也会对 NVH 有或多或少的影响。许多问题在对应章节都已经进行说明，本章主要讨论齿轮侧隙、齿轮修形、齿轮腹板、壳体刚度和干涉等影响因素。

1. 齿轮侧隙

齿轮设计时，通常是按无侧隙进行参数计算，然后，通过对齿厚公差的控制，来产生侧隙。侧隙的大小，对齿轮啮合 NVH 是有一定影响的，太小的侧隙，除了可能会造成啮合干涉，还有可能会产生啸叫，而过大的侧隙，则会影响重合度，齿轮啮入啮出时冲击变大，整体噪声也会变大。

齿轮的侧隙大小，可以根据齿轮的模数不同有所差异，模数小于 2mm 的齿轮，可选择 0.08mm 的侧隙，最小为 0.06mm；模数为 2~3mm 的齿轮，可选择 0.13mm 的侧隙，最大为 0.17mm。由于乘用车减速器的齿轮模数基本上都在 3mm 以内，所以齿轮侧隙可以都按 0.1mm±0.04mm 控制。

齿轮侧隙的测量方式通常有三种：塞尺法、压铅法和仪表法。为了能对齿轮副的侧隙进行测量，需要在壳体上对应位置进行开窗，把待测齿轮副暴露出来，具体测量方式如下：

1）塞尺法：该方法测量齿轮侧隙非常简单，就是准备一组不同厚度的塞尺，齿轮单面接触后，用不同厚度的塞尺插入齿轮间隙中，直到塞尺插不进去为止，测量插入塞尺的厚度，即可得到齿轮侧隙，由于塞尺厚度是不连续的，测量的侧隙会比实际的稍小。该方法简单易行、高效快捷、精度较高，因此国家标准较为推荐这种方法。塞尺法如图 4-1 所示，图中侧隙尺寸就是塞尺厚度。

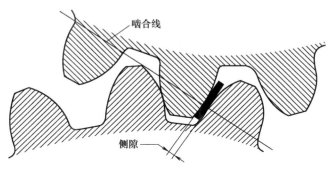

图 4-1　塞尺法

2）压铅法：顾名思义，压铅法就是利用铅丝容易变形的特点进行测量，准备一些直径大于被测齿轮侧隙的铅丝（直径不大于 4 倍侧隙），沿圆周方向放置在其中一个齿轮的齿槽中，通常在齿宽方向的两端各放置一根（端部要放整齐，使其能同时进入啮合的两轮齿之间），慢慢转动齿轮完成啮合运动，铅丝在齿轮啮合的过程中被挤压变形，压扁后的铅丝用千分尺测量其厚度，同一个齿槽两侧铅丝厚度的和即为该齿轮的侧隙，顺便也可以测出齿轮的齿顶间隙。压铅法如图 4-2 所示，图中 $a+b$ 即为侧隙，C_n 为顶隙。

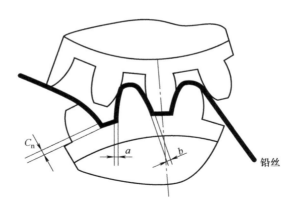

图 4-2　压铅法

3）仪表法：该方法为间接测量法，固定其中一个齿轮，另一个齿轮上安装夹紧杆，仪表测头与夹紧杆接触，转动齿轮，从而推动仪表的测头，得到仪表指针摆动的读数，根据分度圆半径和夹紧杆长度的比例关系，通过简单计算，可以换算出齿轮的侧隙。如果空间允许，也可把表头直接接触到齿面分度圆位置进行测量。仪表法如图 4-3 所示，图中 R 为齿轮分度圆半径，L 为夹紧杆长度，如果仪表读数为 j，那么齿轮侧隙 $j_n = jR/L$。该方法比较复杂，并且是间接测量，不太适合生产现场。

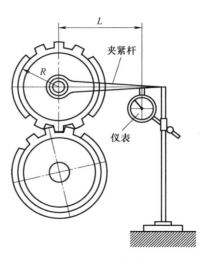

图 4-3　仪表法

2. 齿轮修形

一对齿轮，由于加工误差、装配误差、支承受力变形等原因，进行装配后，其工作时的啮合状态与设计时的理想状态相差很大。较差的啮合状态，必然影响总成的 NVH 质量。为了保证齿轮工作过程中有一个尽可能好的啮合效果，对齿轮进行微观修形是必不可少的。

齿轮修形主要包括齿形和齿向两个方面的修形，评价齿轮修形结果好坏的标准是齿面接触斑点和传递误差，接触斑点在齿面上形状越完整，受力越均匀，传递误差曲线越光滑并呈正弦曲线；传递误差越小，传动越平稳，啮合噪声越小。需要说明的是，接触斑点的形状好坏与传递误差的大小没有必然联系，接触斑点好时传递误差并不一定也好。虽然接触斑点和传递误差都较好是追求的目标，但传递误差的好坏才是应该优先关注的，毕竟修形是为了降噪，不是为了好看。图 4-4 的接触斑点对应图 4-5 的传递误差曲线，传递误差曲线很光滑且基本呈正弦，但其传递误差峰-峰值（PPTE）为 0.3136μm，且其最大应力值为 1347.92MPa；反观图 4-6 和图 4-7 显示的接触斑点和传递误差曲线，传递误差曲线很多波折，但其传递误差峰-峰值（PPTE）仅为 0.0736μm，减小了很多，且其最大应力值为 1296.89MPa，也有所降低。

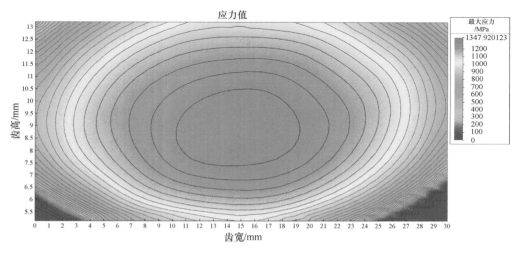

图 4-4　接触斑点

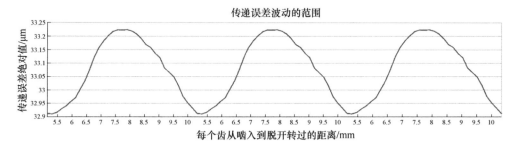

图 4-5　传递误差曲线

接触斑点就是齿面的受力云图。对于圆柱齿轮，对接触斑点的要求是位于齿面中心的椭圆形或矩形。

传递误差（transmission error，TE）的概念，主要是由于齿轮受到加工误差、装配误差和受载变形的影响，从动齿轮的实际角速度与理论值会产生偏离，两者之差即为传递误差。可以表示为

$$TE = fH\alpha_1 + fH\alpha_2 + F_p - (DB_1 + DB_2 + DH_1 + DH_2)$$

式中，$fH\alpha_1$、$fH\alpha_2$分别是主动齿轮和从动齿轮的齿形偏差；F_p是齿距累计总偏差；DB_1、DB_2分别是啮合点位置主动齿轮和从动齿轮沿啮合线方向的弯曲变形量；DH_1、DH_2分别是啮合点位置主动齿轮和从动齿轮沿啮合线方向的接触变形量。

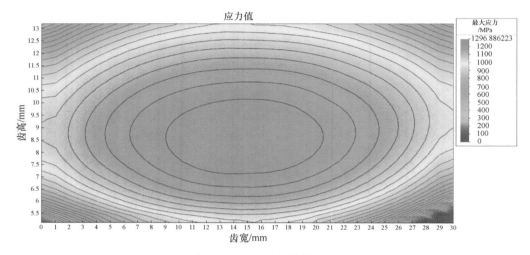

图 4-6　调整后的接触斑点

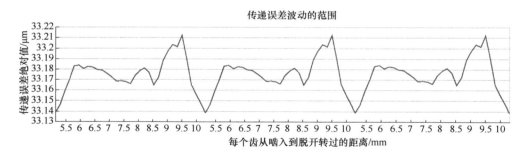

图 4-7　调整后的传递误差曲线

　　齿轮啸叫噪声的主要贡献是传递误差峰-峰值（PPTE），即在轮齿转过渐开线展长内最大传递误差与最小传递误差的差值。传递误差是衡量啮合齿轮副与理想位置距离多少的值，它是传动系统噪声的主要贡献者，对微观修形非常敏感。

　　车辆在行驶过程中，车况不停变化，也就是说，车速和扭矩始终是变化的。对齿轮的修形，主要依据的是齿轮的受力情况，这就使得对齿轮的修形有可能顾此失彼。如果在低扭的情况下，齿轮接触很好，在高扭的情况下，则可能就会出现边缘接触，齿顶或齿根局部接触应力很大，这显然是不合理的，应当尽可能使得接触斑点在任何工况下都能落在齿面的中部；在实在无法做到的情况下，应优先保证大扭矩的接触斑点正确，此时，如果小扭矩出现边缘接触，应力也不会太大，对于齿顶或齿根的磨损影响较小。

对于齿轮如何修形，其实并没有什么绝对的规则，只要能实现齿面的良好接触，就是好的修形方案。可以对两个齿轮同时修形。也可以只选择其中一个进行修形。如果选择只修其中一个的话，由于小齿轮齿数少，尽量选择对小齿轮进行修形。

（1）齿廓修形　主要是对压力角微调，齿顶修缘，中部增加鼓形。

1）压力角微调的目的就是调整接触斑点在齿廓方向的位置。同样的扭矩，小齿轮根部应力最大，齿顶应力最小。可通过减小小齿轮的压力角，增大大齿轮的压力角，使得小齿轮的齿顶参与更多的啮合，分担更多的应力。这种调整有好处，也有坏处。首先，汽车齿轮都是细高齿，小齿轮本身就强度和刚性差，如果压力角小一点，相当于增加了小齿轮齿顶的宽度，提升强度和刚度，而大齿轮则刚好相反；其次，齿轮的滑动率既影响齿轮的传动效率，也影响齿轮的磨损，通过齿轮的滑动率曲线（见图4-8）可以看出，减小小齿轮齿顶的压力角，而增大大齿轮齿顶的压力角，啮合区左移，事实上会增加小齿轮齿顶滑动率。不过，由于修形是很微观的，对轮齿本身的影响基本上可以忽略不计，主要目的还是微调接触斑点的位置。有些宏观参数较好的齿轮，压力角是无须进行修形的。

2）齿顶修缘主要是为了减少啮合过程中的啮入、啮出干涉，从而降低齿轮啮入、啮出时的冲击噪声。

3）鼓形量对于调整齿轮接触非常有效，可调整齿廓方向的应力分布情况，鼓形量越大，应力分布越集中，接触面积越小。

（2）齿向修形　主要是对螺旋角微调，中部增加鼓形。

1）螺旋角微调，主要是改善接触斑点的位置，使接触位置在齿向方向居中，单个轮齿齿面的受力更加均匀。螺旋角到底是往增大方向还是减小方向修正，主要是看齿轮受力后的错位量，错位量是齿轮受载后，由于轴的扭转，轮齿的变形等因素造成的齿轮实际啮合位置与理想啮合位置的偏差。这需要借助于分析软件对减速器进行系统变形分析之后才能得出。

2）鼓形量，与齿廓方向的鼓形量作用相同，可调整齿向方向的应力分布情况。

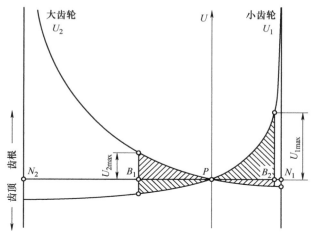

图 4-8 滑动率曲线

注：U_1、U_2 分别是小齿轮和大齿轮的滑动率曲线，纵坐标是滑动率 U，

横坐标 N_1、N_2 是理论啮合线段，B_1、B_2 是实际啮合线段。

3. 齿轮腹板和壳体刚度

带腹板的齿轮都是直径较大的从动齿轮，由于直径较大，通常轮齿刚性相对主动齿轮较差，受力后变形较大，为此，设计腹板时，应尽可能让腹板居于齿宽中间位置，且尽量厚，使轮齿受力均匀，应尽可能避免采用腹板偏于一端的碗形结构，该结构齿轮受力不均，重载时除了会影响 NVH，还易出现断齿风险。非对称腹板结构如图 4-9 所示，对称腹板结构如图 4-10 所示。

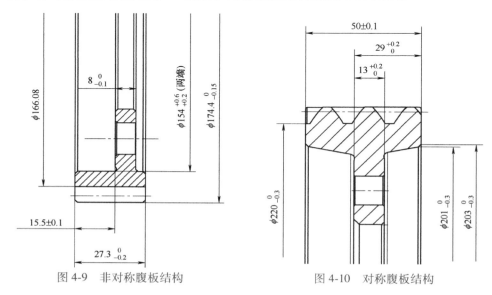

图 4-9　非对称腹板结构　　　　　图 4-10　对称腹板结构

一级从动齿轮的腹板表面尽量平整无孔无肋，高速运行时，不平整的表面会与内部的润滑油、热空气摩擦产生异响。轮缘厚度也不可过小，应大于8mm（有资料推荐轮缘厚度与齿高比例不小于 1.2），否则也会影响轮齿的变形。

某产品在开发过程中，客户反馈有阶次噪声，经过测试分析后，尝试在齿轮修形、壳体刚度和一级从动齿轮的腹板结构三个方面进行优化。图 4-11 和图 4-12 所示为不同腹板结构的一级从动齿轮。表 4-1 为不同的齿轮修形参数，一级从动齿轮之所以进行了修形，是因为腹板结构改动后，齿轮受载情况有所改变，为了达到较好的接触效果，在此进行了微调。图 4-13 和图 4-14 为壳体优化前后的结构对比图，主要是在轴承位置增加了一些加强筋。表 4-2 为壳体优化前后轴承孔的支承动刚度数据，改善后的支承刚度较改善前有较大提升，改善前差速器后轴承支承刚度只有 3000N/mm，改善后达到了 10000N/mm 以上。

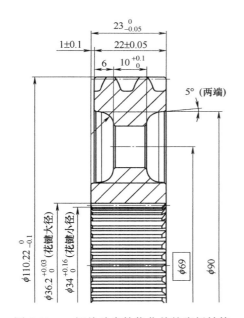

图 4-11　一级从动齿轮优化前的腹板结构

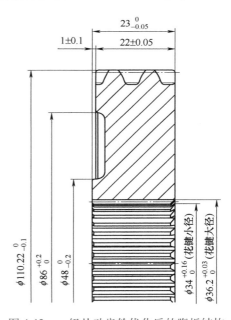

图 4-12　一级从动齿轮优化后的腹板结构

表 4-1　齿轮修形数据　　　　　　　　　　　　　　　　（单位：μm）

齿轮	状态	齿形修形	齿向修形	齿形鼓形量	齿向鼓形量
一级从动齿轮	腹板改善前	0±5	0±6	2±2	2±2
	腹板改善后	0±5	−7±6（加速面）/ −11±6（减速面）	2±2	2±2

（续）

齿轮	状态	齿形修形	齿向修形	齿形鼓形量	齿向鼓形量
一级主动齿轮	优化前	0±5	−9±6	2±2	2±2
	优化后	0±5	−9±6（加速面）/ −9±3（减速面）	2±2	5±1.5（加速面）/ 2±2（减速面）

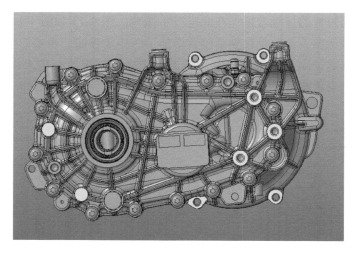

图 4-13　壳体优化前

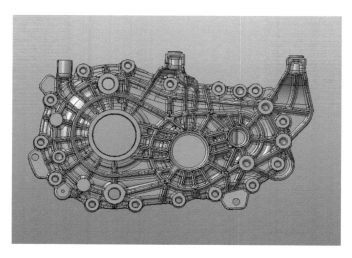

图 4-14　壳体优化后

表 4-2　壳体优化前后轴承孔的支承动刚度数据

状态	轴承位置		最小动刚度/对应频率		
			X	Y	Z
改善前	输入轴	前轴承孔	$1.13 \times 10^6 / 2404.21$	$3.76 \times 10^5 / 2724.43$	$9.89 \times 10^4 / 3000$
		后轴承孔	$6.45 \times 10^4 / 843.58$	$2.14 \times 10^4 / 1543.85$	$3.69 \times 10^4 / 3000$
	中间轴	前轴承孔	$1.51 \times 10^6 / 2404.21$	$4.86 \times 10^6 / 2724.43$	$4.44 \times 10^5 / 3000$
		后轴承孔	$2.83 \times 10^4 / 843.58$	$9.13 \times 10^3 / 872.442$	$6.23 \times 10^3 / 2110.98$
	差速轴	前轴承孔	$8.57 \times 10^4 / 843.58$	$1.56 \times 10^4 / 872.986$	$8.33 \times 10^3 / 843.58$
		后轴承孔	$1.92 \times 10^4 / 843.58$	$3.27 \times 10^3 / 871.211$	$3.93 \times 10^3 / 844.106$
改善后	输入轴	前轴承孔	$5.19 \times 10^6 / 3596.46$	$1.45 \times 10^6 / 4214.23$	$235774 / 4377.28$
		后轴承孔	$1.39 \times 10^6 / 3596.46$	$1.09 \times 10^6 / 2182.41$	$1.10 \times 10^6 / 4211.02$
	中间轴	前轴承孔	$7.13 \times 10^6 / 4217.07$	$4.72 \times 10^6 / 4221.99$	$264638 / 4243.52$
		后轴承孔	$610423 / 3596.46$	$56800.2 / 2182.41$	$31159.8 / 2445.1$
	差速轴	前轴承孔	$3.14 \times 10^7 / 3596.46$	$1.16 \times 10^7 / 4113.38$	$5.68 \times 10^6 / 4211.02$
		后轴承孔	$116303 / 3596.46$	$25213.8 / 2182.41$	$10481.4 / 2445.1$

注：最小动刚度的单位为 N/mm，对应频率的单位为 Hz。

　　图 4-15～图 4-21 是对某产品进行多种优化方案的对比。其中，图 4-15～图 4-18
为 NVH 测试云图，图中横坐标为频率（Hz），纵坐标为转速（r/min），图像为阶
次噪声值［dB(A)］，图 4-19～图 4-21 为阶次切片图，图中横坐标为转速(r/min)，
纵坐标为噪声值［dB(A)］，图像为阶次噪声曲线，图中表格，Curve 列为不同方
案曲线的颜色区分，RMS 列为测量数据的有效值，dB（A）为有效值的单位，rpm
为转速单位（即 r/min），对应横坐标的转速范围，Order 为阶次，DRE：S（A）
为不同方案描述。该产品一级齿轮阶次为 26，二级齿轮阶次为 8.9。在测试数据
中，量产方案为故障件，方案一为一级主动齿轮修形，方案二为优化一级从动齿
轮腹板结构，壳体修形为改善输入轴轴承支承刚度。从 NVH 测试数据可以看出，
全油门加速过程，26/35.6/52 阶次噪声优化效果，量产件<壳体修形件<方案一<方
案二，8.9/12/17.8 阶次噪声优化效果，量产件<壳体修形件<方案二<方案一；半
制动滑行工况，26 阶次噪声优化效果，量产件<壳体修形件<方案一<方案二，52
阶次噪声优化效果，量产件<壳体修形件<方案二<方案一。主观评价总评结果是，
量产件<壳体修形件<方案二<方案一。由此可知，改善产品 NVH 性能最有效的手
段还是通过齿面修形优化齿轮接触，改动量小，效果明显，应优先选择；优化齿
轮腹板结构和提升壳体轴承支承刚度对改善 NVH 也有一定的效果，但有时效果不
够明显，可作为备选方案，尤其是壳体优化，由于涉及修模，以及后续一系列的
试验，周期长、成本高，应慎重选择，最好是在设计阶段完成优化。

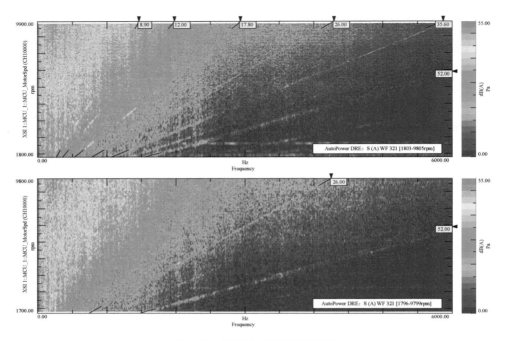

图 4-15　故障件 NVH 测试云图

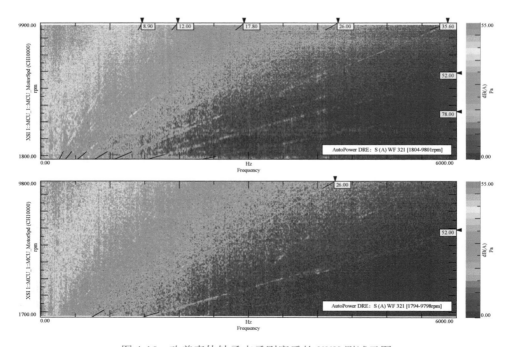

图 4-16　改善壳体轴承支承刚度后的 NVH 测试云图

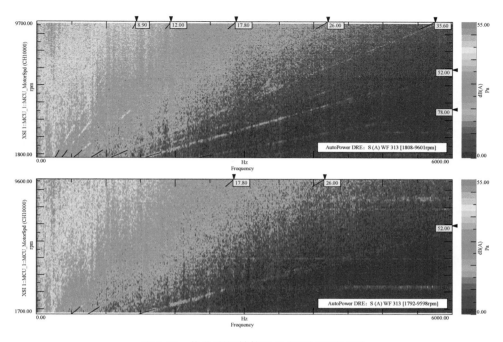

图 4-17　优化腹板结构后的 NVH 测试云图

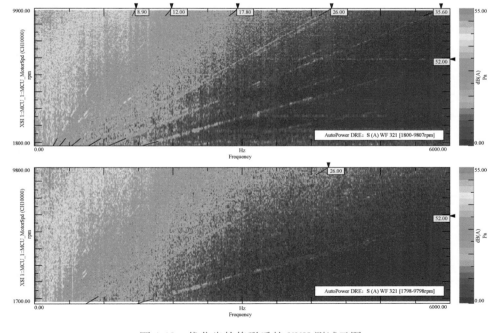

图 4-18　优化齿轮修形后的 NVH 测试云图

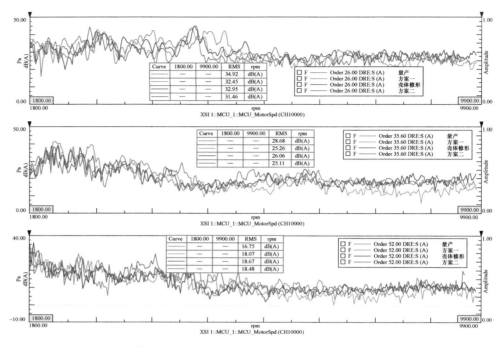

图 4-19　一级齿轮阶次切片图（全油门加速）

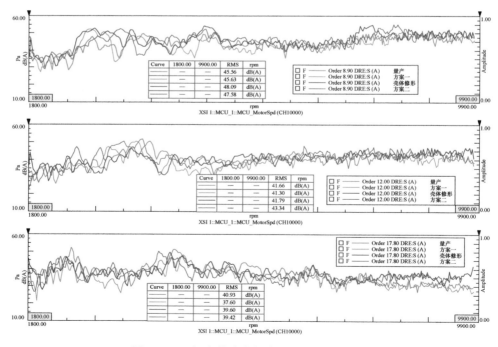

图 4-20　二级齿轮阶次切片图（全油门加速）

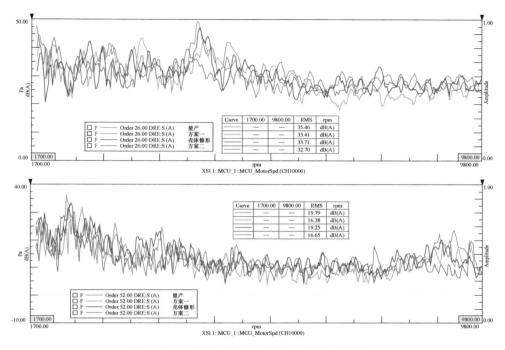

图 4-21　一级齿轮阶次切片图（半制动滑行）

4. 干涉

在总成运行过程中，如出现连续无中断的摩擦声，可检查是否有壳体加强筋过高接触到了齿轮或轴承。如出现不连续的敲击声，齿轮干涉也是一个排查点，原因是受载情况下，轴承、齿轮、壳体等都会发生变形，例如大齿轮离周围零件过近，重载时，有可能会干涉到，尤其应注意二级从动齿轮与一级从动齿轮的轮毂距离，有时为了压缩空间，会忽略该位置。

某减速器产品，主减齿轮与一级从动齿轮安装端面设计距离太近，理论距离为 1.2mm，加上累加尺寸公差后最小距离仅有 0.6mm，如图 4-22 所示。倒车工况下主减齿轮受力变形，与一级从动齿轮发生干涉，产生异响，进而导致断齿。采取的补救措施是，在一级从动齿轮安装端面加工台阶，避开主减齿轮齿顶圆，并对主减齿轮腹板加厚，减小变形。

某减速器产品装车后，正常行驶出现严重的"沙沙声"，倒车行驶出现明显的敲击声。在举升机上进行试车，两种声音依然存在，拆箱后发现减速器内部有大量铝屑，前壳体主减位置有磨损痕迹，主要问题在于，该减速器壳体为借用件，为了提升承载能力，对主减齿轮进行了加宽，造成齿轮端面与壳体最小距离只有 0.96mm，如图 4-23 所示，装配完成后进行下线检测，由于载荷较小，未能体现异常，但整车行驶时载荷较大，齿轮变形与壳体干涉，此为严重的设计质量问题，务必规避。

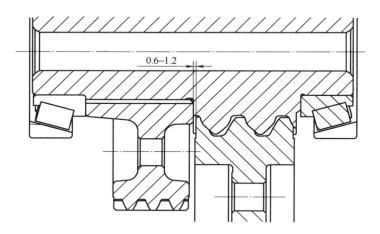

图 4-22　主减齿轮与一级从动齿轮干涉

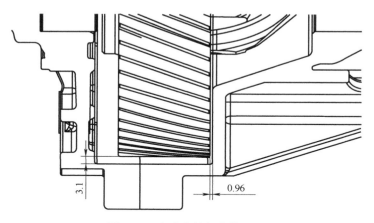

图 4-23　主减齿轮与壳体干涉

4.2　传动效率优化

　　传动效率的提升可以减小整车电池容量，提高续航里程，从而降低电动汽车的成本。2023 年的 TMC 会议上，各大整车厂、各大电驱总成供应商，都不约而同地提出了高效率的需求和提升意愿及实践举措，因为取得高效率就能取得高性价比，增加产品引起客户青睐的机会。

1. 效率影响因素

目前电驱总成可达到的 NEDC 综合效率约为 88%，最高效率可达 92%。减速器综合效率可达 95.5%，最高效率可达 98%。图 4-24 所示为某产品采用德仕龙Ⅵ润滑油在 60℃时测出的效率数据，可以看出，高效区为额定功率区，小功率区域效率较低。不同工况的效率差异很大，其功率损失构成也不同，在低功率时齿轮损失占比较大，在高速时搅油损失占比大幅增加。

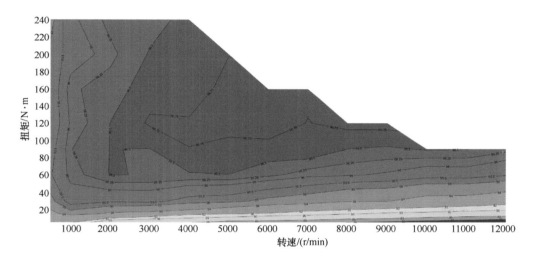

图 4-24 传动效率（60℃/德仕龙Ⅵ）

有研究显示，在总功率损失中，搅油损失所占比例最大，为总功率损失的51%，啮合损失与轴承损失占总功率损失比例相近，分别为 20%、21%，风阻损失所占比例最小，仅为 8%。图 4-25 所示为利用 MASTA 软件分析得到的减速器3 大主要效率损失占比。低速时，齿轮啮合损失占比最大，达 47%，搅油损失占比较小，为 16%，轴承损失占比居中，为 37%；随着速度的提高，搅油损失大幅增加，达到 64%，而齿轮啮合损失占比却大幅降低，只有 9%，轴承损失也有一定降低，为 27%。减速器的效率损失主要来自箱体内各个运转部件，包括齿轮啮合、轴承摩擦、搅油、油封摩擦等，提升减速器效率的措施也主要从这些方面出发，常用效率提升措施见表 4-3。实践证明，通过对总成结构及系统优化和油品匹配，总效率可以提升 2% 以上，如图 4-26 所示。下面对影响减速器效率的几个主要因素逐一分析。

图 4-25 效率损失比例

a) 100N·m, 2000r/min   b) 100N·m, 6000r/min

表 4-3 常用效率提升措施

影响因素	改善点	具体措施
结构设计	轴系结构	调整输入输出的位置关系
	齿形设计	改善齿轮的齿面质量
	低摩擦轴承	高速低摩擦四点接触球轴承/低摩擦圆锥滚子轴承
	壳体油路	优化油路设计
系统因素	搅油损失	改善润滑
	机械磨损	改善表面质量
	阻油损失	改善壳体内壁表面质量/减少内部加强筋布置
润滑油	润滑油黏度	采用低黏度润滑油
	润滑油量	采用最合适的油量

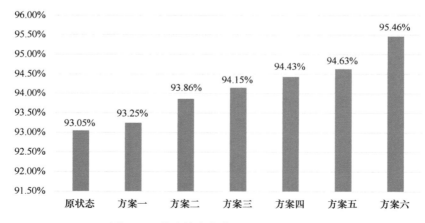

图 4-26 传动效率优化（TMC 会议数据）

2. 传动比影响

在给定变化区间内，减速器总效率随传动比的增加而增加，最后趋于平稳（见图 4-27）。为保证系统的最高综合效率，可使减速器及电动机的高效区间与整车工况高度重合，在整车工况效率匹配的基础上，合理地优化减速器传动比和电动机电磁方案，使整个动力总成在满足整车动力性能要求和最高效率基本不变的情况下，达到基于整车 NEDC 工况的动力总成效率提升和成本的最优设计。

传动比与齿轮的齿数有关，当 Z_1（主动齿轮齿数）在区间 10~23 内时，减速器总效率随 Z_1 的增加而增大，当 $Z_1 = 23$ 时，减速器总效率达到最大；当 Z_1 在区间 23~50 内时，减速器总效率随 Z_1 的增加而减小；当 Z_1 在区间 35~50 内时，减速器总效率随 Z_1 的增加而急剧减小。因此选择传动比的时候，也要关注主动齿轮的齿数。

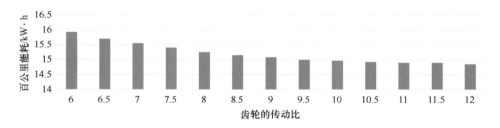

图 4-27　传动比与能耗的关系（行业数据）

3. 啮合损失

从前边的分析可以知道，齿轮啮合效率损失与转速有很大相关性，速度越高，损失越小。此外，齿轮啮合功率损失与扭矩也有很大关系，扭矩越小损失越小，但损失占比较大，齿轮啮合效率低；扭矩越大损失越大，但损失占比较小，齿轮啮合效率高，如图 4-28 所示。

啮合损失是轮齿啮合力和啮合摩擦系数的函数。齿轮啮合运动包含了由于油膜分离产生的相对滑移，啮合效率表示为滑移率和啮合摩擦系数的函数。齿轮的啮合功率损失可以表示为

$$P_{Mi} = \frac{f_m T_1 n_1 \cos^2 \beta_w}{9549M}$$

式中，P_{Mi} 是啮合功率损失（kW）；f_m 是啮合摩擦系数；T_1 是小齿轮扭矩（N·m）；n_1 是小齿轮转速（r/min）；β_w 是螺旋角（°）；M 是力矩，为滑动率的减函数。

影响齿轮啮合效率的因素主要有以下几个方面：

（1）转速　啮合效率随转速的增加先增加，然后再随着转速的增加逐渐趋于平缓或减小，当转速较低时，油膜承载能力有限，接触区域由弹流润滑进入边界润滑或混合润滑，使得摩擦增大，啮合损失增加，而在高速条件下（大于8000r/min）齿面间形成良好的油膜，啮合损失较小。

（2）载荷　载荷越大，啮合摩擦功损失越大，效率越低。

（3）齿轮参数

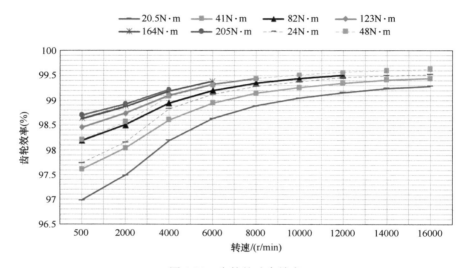

图 4-28　齿轮的啮合效率

1）齿数：啮合效率随齿数的增多而有所提高，相当于降低了齿面的接触力。

2）模数：啮合效率随模数的增加而降低，当 m 为 2mm 时，曲线出现拐点；当 m 为 1～2mm 时，总效率减小趋势较为平缓；当 m 为 2～4mm 时，总效率的降低速度急剧加快。减小模数，可有效提高斜齿轮的啮合效率，但端面重合度会降低，轴向重合度会增大，且端面重合度降低的程度比轴向重合度增大的程度要大。

3）螺旋角：当螺旋角为 8°～20°时，总效率随角度的增大而增大；当螺旋角为 20°～45°时，减速器总效率随角度的增大而减小。新能源汽车减速器齿轮螺旋角都较大，适当减小螺旋角，有助于提高斜齿轮的啮合效率，但端面重合度和轴向重合度会降低。

4）压力角：传动啮合效率随压力角的增大而提高，压力角增大，导致基圆减小，啮合线长度减小，齿轮啮合的相对滑动速度减小，有助于提高斜齿轮的啮合效率，但端面重合度会降低。

5）齿顶高系数：齿顶高系数越大，传动啮合效率越低，减小全齿高，在基圆不变的前提下，可有效减小啮合线长度，有助于提高齿轮的啮合效率，但端面重合度会降低。

（4）滑动率 在齿轮副啮合过程中，两齿面会存在一个相对滑动速度，由于滑动速度是个绝对量，不能很好地反映其对齿面磨损的影响程度，于是，引入了滑动率的概念，滑动速度与接触点切向速度的比值即是滑动率，这是一个相对值，比较直观地反映齿面磨损，齿面的最大滑动率为

$$\eta_{1max} = \frac{\tan\alpha_{a2} - \tan\alpha'}{\left(1 + \dfrac{z_1}{z_2}\right)\tan\alpha' - \tan\alpha_{a2}}\left(\frac{u+1}{u}\right)$$

$$\eta_{2max} = \frac{\tan\alpha_{a1} - \tan\alpha'}{\left(1 + \dfrac{z_2}{z_1}\right)\tan\alpha' - \tan\alpha_{a1}}(u+1)$$

式中，η_{1max}、η_{2max} 是小轮和大轮齿面的最大滑动率；α_{a1}、α_{a2} 是小轮和大轮的齿顶压力角；α' 是啮合角；u 是传动比；z_1、z_2 是小轮和大轮的齿数。

需要注意的是，滑动率（specific sliding）和滑动系数（sliding factor）不是同一个概念，滑动率是某点的滑动速度与在该点的端面切向速度的比值，而滑动系数是滑动速度与节圆切向速度的比值。

高速级齿轮效率是总效率的主要影响因素，与低速级齿轮相比，同等条件下高速级齿轮的效率值较低，损失功率更多。控制滑动率和滑动速度，可以减少齿面间的滑动损失，应优先控制高速级齿轮的滑动率，最好控制在 2 以内，越低越好。

（5）齿面粗糙度 摩擦学上常用油膜比厚的概念来描述润滑状态，油膜比厚是齿面之间的最小油膜厚度与两齿面综合粗糙度之比

$$\lambda = h_{min} / \sqrt{\sigma_1^2 + \sigma_2^2}$$

式中，λ 是油膜比厚；h_{min} 是最小油膜厚度；σ_1、σ_2 是小齿轮和大齿轮的表面粗糙度。油膜比厚越大，润滑油分离两个啮合齿面的趋势越强。油膜厚度与润滑油本身的性质，齿轮的几何参数、载荷、速度和工作条件等都有关系。在其他条件无法改变的情况下，改善表面粗糙度是相对简单的方法。采用镜面磨削或光整工艺可以改善齿面的表面粗糙度，增加润滑油膜比厚，降低摩擦，减少能量损失。磨齿后的齿轮表面粗糙度值为 $0.8 \sim 1.6\mu m$，镜面磨削或抛光后的齿轮表面粗糙度为 $0.2\mu m$ 左右。与高速级齿轮相比，低速级齿轮效率随摩擦系数的

增大而变化更加明显，低速级齿轮的啮合损失占其总损失的比例较大，改善低速级齿轮的表面粗糙度更有价值。

（6）润滑油的特性　黏度越高的润滑油，其摩擦功耗越低，啮合效率更高（与搅油损失相反），主要原因是高黏度的润滑油改善了齿面间的润滑条件，相当于降低了齿面表面粗糙度值。

（7）齿面修形　通过微观修形，改善齿面的受力情况，可以降低齿面的接触温度，减小发热磨耗。修形量越大，双齿间的瞬时啮合效率越高，能有效减少双齿啮合区的摩擦功耗，从而提高效率。

4. 搅油损失

减速器的总效率，在同样的载荷下，随速度的增加而降低。当低扭时，搅油损失和风阻损失比例大，转速越大，搅油损失和风阻损失越大。搅油损失主要为运动元件与润滑油的摩擦产生的能量损失。影响搅油损失的因素主要包括齿宽、齿轮直径、转速、润滑油黏度和工作温度等。

（1）轴系结构　搅油损失与转速成平方关系，而中间轴转速较高，控制中间轴上一级从动齿轮的搅油情况非常重要。为此可以采用挡油槽包住一级从动齿轮或将中间轴布置在上方的方式（见图4-29），使得一级从动齿轮远离油面，进而降低搅油损失，只是后一种方式要慎重选择，由于一级从动齿轮不能参与搅油，要充分考虑减速器内部的润滑是否满足要求。

图 4-29　结构调整措施

（2）油量的设计　油量的多少直接影响搅油齿轮的浸入深度，油量的增加将增大齿轮阻力，对不同温度和不同油量的减速器进行效率对比，表4-4~表4-7为1.4L和1.7L油量分别在60℃和90℃条件下的传动效率。可以看出，在低扭高速时，油量越多效率越低，但在低速高扭时，油量越多效率越高，并且，随着温度升高，润滑油黏度有所降低，效率也会适当提高。

表 4-4　油量 1.4L、温度 60℃时的传动效率　　　　　　（%）

扭矩/ N·m	转速/(r/min)											
	1000	2000	3000	4000	5000	6000	7000	8000	9000	10000	11000	12000
5	93.23	90.00	86.74	84.67	83.57	80.04	77.23	76.27	71.89	69.67	67.85	67.19
10	95.92	94.45	92.78	91.46	90.59	90.07	88.86	87.12	85.83	84.68	83.68	82.70
20	97.42	96.80	96.00	95.31	94.73	94.35	93.92	93.04	92.42	91.90	91.21	90.80
30	97.82	97.54	97.07	96.59	96.24	95.96	95.59	95.10	94.74	94.34	93.94	93.62
60	98.01	97.97	97.80	97.59	97.44	97.37	97.24	97.03	96.82	96.65	96.45	96.30
90	97.82	97.91	97.88	97.77	97.72	97.70	97.65	97.54	97.41	97.33	97.20	97.10
120	97.64	97.80	97.82	97.75	97.76	97.79	97.78	97.73	97.65	97.60	97.52	—
160	97.41	97.62	97.71	97.72	97.73	97.79	97.80	97.76	—	—	—	—
200	97.23	97.47	97.59	97.64	97.68	97.76	—	—	—	—	—	—
250	97.02	97.31	97.46	97.53	97.59	—	—	—	—	—	—	—
300	96.83	97.16	97.33	97.43	—	—	—	—	—	—	—	—

表 4-5　油量 1.7L、温度 60℃时的传动效率　　　　　　（%）

扭矩/ N·m	转速/(r/min)											
	1000	2000	3000	4000	5000	6000	7000	8000	9000	10000	11000	12000
5	93.52	88.88	85.84	83.45	81.36	78.92	76.64	75.67	70.83	66.27	64.87	65.53
10	95.93	93.93	92.28	90.82	89.66	88.57	87.64	86.54	84.59	83.41	82.13	81.46
20	97.36	96.46	95.70	94.91	94.21	93.75	93.29	92.65	92.06	91.55	90.94	90.39
30	97.77	97.33	96.86	96.35	95.91	95.52	95.26	94.80	94.37	94.02	93.59	93.28
60	97.96	97.88	97.68	97.52	97.34	97.21	97.07	96.86	96.67	96.47	96.29	96.16
90	97.90	97.96	97.92	97.82	97.73	97.69	97.62	97.48	97.37	97.26	97.19	97.08
120	97.79	97.92	97.94	97.92	97.87	97.85	97.83	97.74	97.70	97.63	97.58	—
160	97.62	97.82	97.89	97.92	97.91	97.93	97.94	97.85	—	—	—	—
200	97.47	97.71	97.82	97.87	97.90	97.93	—	—	—	—	—	—
250	97.29	97.57	97.71	97.79	97.85	—	—	—	—	—	—	—
300	97.12	97.43	97.60	97.70	—	—	—	—	—	—	—	—

表 4-6　油量 1.4L、温度 90℃时的传动效率　　　　　（%）

扭矩/ N·m	转速/（r/min）											
	1000	2000	3000	4000	5000	6000	7000	8000	9000	10000	11000	12000
5	93.89	91.36	88.47	87.67	85.96	82.63	79.67	79.65	76.87	74.48	72.87	71.20
10	95.87	94.97	93.53	92.88	91.96	91.34	89.66	89.18	88.13	85.68	86.14	84.80
20	97.22	96.89	96.28	95.92	95.42	95.03	94.65	94.06	93.64	92.61	92.55	92.02
30	97.64	97.54	97.22	96.97	96.66	96.35	96.03	95.84	95.48	94.83	94.74	94.39
60	97.68	97.85	97.81	97.75	97.67	97.57	97.42	97.34	97.15	96.92	96.83	96.68
90	97.56	97.83	97.88	97.91	97.88	97.85	97.77	97.73	97.65	97.51	97.45	97.34
120	97.39	97.74	97.84	97.90	97.89	97.92	97.87	97.86	97.82	97.73	97.70	—
160	97.19	97.58	97.72	97.81	97.83	97.89	97.87	97.89	—	—	—	—
200	97.04	97.43	97.59	97.70	97.75	97.82	—	—	—	—	—	—
250	96.84	97.25	97.45	97.57	97.64	—	—	—	—	—	—	—
300	96.67	97.09	97.32	97.46	—	—	—	—	—	—	—	—

表 4-7　油量 1.7L、温度 90℃时的传动效率　　　　　（%）

扭矩/ N·m	转速/（r/min）											
	1000	2000	3000	4000	5000	6000	7000	8000	9000	10000	11000	12000
5	93.67	91.16	88.29	86.44	84.73	79.75	79.64	77.41	74.43	72.85	71.35	70.20
10	95.88	94.93	93.48	92.44	91.37	90.20	89.13	87.75	87.00	85.96	85.23	84.10
20	97.13	96.84	96.24	95.88	95.14	94.58	94.06	93.72	93.07	92.62	92.24	91.67
30	97.52	97.50	97.21	96.89	96.51	96.15	95.80	95.49	95.10	94.86	94.51	94.19
60	97.72	97.93	97.88	97.80	97.66	97.51	97.35	97.23	97.07	96.96	96.79	96.63
90	97.67	97.97	98.01	98.00	97.96	97.90	97.81	97.76	97.65	97.59	97.51	97.40
120	97.56	97.91	98.01	98.05	98.04	98.03	97.99	97.96	97.91	97.87	97.82	—
160	97.40	97.79	97.93	98.01	98.05	98.06	98.07	98.06	—	—	—	—
200	97.26	97.67	97.83	97.94	98.01	98.04	—	—	—	—	—	—
250	97.07	97.52	97.70	97.83	97.93	—	—	—	—	—	—	—
300	96.89	97.37	97.58	97.72	—	—	—	—	—	—	—	—

（3）油品黏度　润滑油运动黏度对减速器总效率的影响较为明显，主要体现在油品黏度对搅油损失的影响，润滑油黏度越低，齿轮搅油损失越小，并且黏度较低的润滑油对降低减速器温度也更有效，但其对齿轮的防护性能会变差，通常在齿轮强度允许的条件下，选择黏度尽可能低的润滑油能进一步降低搅油

损失。图 4-30 和图 4-31 所示为减速器按照 CLTC 工况采用黏度（KV100）分别为 6mm²/s 和 4mm²/s 的润滑油进行测试的效率情况，可以看出，转速越高时，低黏度润滑油效率越高。当前减速器使用的润滑油最低黏度（KV100）是 3.3mm²/s。

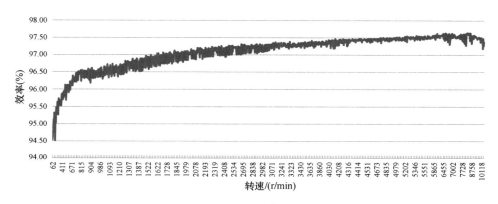

图 4-30　黏度（KV100）为 6mm²/s 润滑油的转速与效率

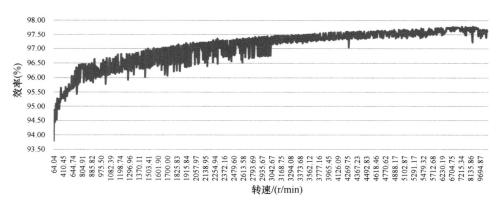

图 4-31　黏度（KV100）为 4mm²/s 润滑油的转速与效率

5. 轴承损失

影响轴承功率损失的因素复杂多样，不同的轴承影响因素也不同。轴承功率损耗对系统效率的贡献取决于负载情况，随着载荷提高而增加，随转速提高而减小。轴承的摩擦损失也与轴承的润滑性能有关，轴承润滑性能受最小油膜厚度和最大油膜压力的影响，最小油膜厚度和轴承磨损失效及剥落失效有关，最大油膜压力和轴承疲劳失效有关。

（1）载荷　载荷越大，轴承摩擦损失越大，在大扭矩和较高的润滑油温下，轴承摩擦损失会有所减小，但也会导致轴承的润滑性能下降。

（2）转速　摩擦损失随转速的增加而增加。

（3）轴承数量　轴承数越多，摩擦损失越大，所以许多一体化动力总成采用三轴承结构，既可降低成本，也能提高效率。

（4）轴承选型　轴承需要预紧，从而不可避免地存在原始阻力损耗，并且滚子轴承为线接触，效率比球轴承低。因此在强度允许的情况下，尽可能选用球轴承，尤其中间轴转速较高，选用球轴承，效率提升较明显。

1）锥轴承：圆锥滚子轴承需要成对使用，并且需要预紧，在满足轴承寿命、轴的刚度的前提下，需尽量减小锥轴承预紧量，从而减少轴承损耗。在中间轴和差速器均为锥轴承时须进行交叉极限的启动力矩测试验证。采用低摩阻锥轴承，可实现小转速下的效率提升。

2）球轴承：球轴承尽量不要选择带密封圈的，尤其是不要选择接触式密封圈，除了影响散热和最高转速，还影响轴承效率。有研究表明，对于接触式密封球轴承，密封副摩擦对轴承摩擦力矩值贡献最大，约占接触式密封球轴承摩擦力矩值的75%；润滑脂搅动阻力对轴承摩擦力矩值的贡献为其次，约占接触式密封球轴承摩擦力矩值的20%；轴承自身固有摩擦力矩值所占比例最小，不足5%。封闭轴承的摩擦损失远远大于开式轴承，采用脂润滑方式比采用油润滑方式产生的摩擦损失大。

6. 油封损失

采用小轴颈设计，可降低油封与轴摩擦的线速度，减小油封抱轴弹力，增加油封处润滑，从而减少油封功率损耗。采用 PTFE 涂层的油封，可降低摩擦系数，提升油封效率。油冷电驱动总成，取消了输入轴油封，消除了油封损耗。

常用的减速器分析软件，就总成的性能和 NVH 优化分析来讲，主要有英国 SMT 公司的 MASTA 和 Romax 公司的 Romax Designer。国内主要是精益传动公司推出的 JYCD 软件。润滑分析主要有 Particleworks、nanoFluidX、Fluent 等软件，有限元分析，前处理可用 SimLab，后处理可用 Abaqus。

5.1 减速器总成分析软件简介

1. MASTA 设计软件

MASTA 软件（见图 5-1）是一套完整的动力传动系统设计仿真平台。针对动力传动系统，进行从方案设计到制造完整过程的设计、分析和优化。广泛应用于汽车、EV+HEV、货车、非公路机械、能源、航空、舰船和轨道交通等行业。

图 5-1 MASTA 软件

主要功能如下：

（1）设计建模

1）覆盖了圆柱齿轮和各类锥齿轮、滚动/滑动轴承、常规轴和花键等各类传动件的设计。

2）可对平行轴、垂直轴、简单和复合行星齿轮系等各类组件进行设计。

3）可进行各种变速器、驱动桥、减速器的设计。

（2）分析

1）常规分析：基于公开的 ISO/DIN/AGMA 等标准对各类齿轮、轴承、轴和花键等零件进行静强度和疲劳强度分析。

2）高级分析：对各种布局的系统进行受载变形分析，并对各零件在系统变形条件下的实际应力分布、疲劳寿命进行分析。

3）对振动噪声特性等进行分析。

（3）优化　优化传动系整体刚性、各零件寿命、振动噪声性能，从而达到对整体寿命和可靠性的优化。

（4）多体动力学分析　采用 DRIVA 柔性多体动力学对动力传动系统进行时域瞬态分析。

（5）齿轮可制造性分析和制造模拟

1）在设计阶段对圆柱齿轮的粗精加工刀具及工艺进行模拟。

2）保证设计零件的可制造性，降低制造成本。

（6）二次开发　基于脚本进行二次开发。

2. Romax 设计软件

Romax Designer 是最早做减速器系统分析的软件（见图 5-2）。但早期版本的建模较为繁琐，经过多年的迭代，目前已经开发出能够考虑机电系统相互作用的工程方法。它主要应用于变速箱、车桥、减速器和精密传动部件的开发，解决各类变速箱和车桥及其他传动系的齿轮设计和强度校核、轴承寿命预估、同步器性能计算、箱体结构刚度设计和强度分析、桥壳柔性对锥齿轮错位分析、传动效率计算以及系统 NVH 性能预估等方面的问题。该软件开发较早，在轴承行业应用广泛。

主要功能如下：

（1）传动系统参数化建模

1）具备各型（直齿/斜齿/螺旋锥齿/定轴/行星）齿轮、箱体、轴、轴承 3D 全参数化建模能力。

2）具有从概念设计-详细设计-校核验证的完整设计过程全参数化功能。

图 5-2　Romax Designer 软件

3）CAD 软件接口模块，可以支持 Romax 模型与 CAD 模型（CATIA/UG/Pro-E）间的数据交互。

（2）传动方案概念设计——Romax Concept

1）适用于研制早期概念阶段传动装置的系统及方案设计与评估。

2）将传动系统设计方案与整车动力性和经济性进行匹配。

3）支持从概念设计到详细设计的无缝转换功能。

（3）传动系统详细设计与分析——Romax Designer

1）传动系统综合效率分析。

2）传动系统精细耐久性设计。

3）传动系统 NVH 性能分析。

（4）机电传动系统一体化设计和分析

1）在概念设计阶段进行机电一体化的整体设计。

2）准确获得动力传动系统在齿轮和电动机激励下的 NVH 响应。

3）对机电一体化系统进行优化改进。

3. 精益传动设计软件

精益传动设计软件（见图 5-3）是目前国内唯一一款基于系统 2D、3D 建模与多物理场耦合的大型综合性齿轮传动系统 CAE 设计与分析软件。能够基于创建的系统级整体数字化模型完成齿轮传动系统的性能设计与强度校核，包括：

轴系、齿轮、轴承、连接件、壳体异形件等零部件寿命强度和系统级效率、NVH、模态特性、转子动力学特性等性能的设计与校核。

图 5-3　精益传动设计软件

精益传动设计软件属于工业研发设计类软件,是工业研发设计基础类设计工具。打破了国外对齿轮传动软件近 20 年的垄断,填补了国内在大型传动系统设计制造仿真分析软件领域的空白。公司核心团队通过 10 多年的关键技术攻关、6 年多的持续产品研发迭代,研究了 50 多项机械设计标准规范,编写了超 400 万行的程序源代码,攻克了 30 多项机械系统关键技术,开发了一款完全对标 MASTA、ROMAX 的齿轮传动设计软件——精益传动设计软件。该软件所有的算法与求解器均为自主开发,实现国内开发、国内维护、完全自主可控,与 MASTA、ROMAX 并列为当前全球三大商用齿轮传动系统设计分析软件。

精益传动设计软件吸收了国际设计标准、内置核心关键技术、支持多任务/多数据快速并行算法、涵盖整个传动产品设计流程、面向军工/汽车/风电/船舶/燃机/试验设备等多个领域动力传输系统产品的研发与设计。软件操作界面友好,设计分析功能全面,既具有对现有产品强度分析与性能校核的功能,同时也具有新产品主动创新设计与分析的特色功能。能够为齿轮传动系统研发设计企业提供一个产品创新研发平台,可以为国内高校用户的教学和科研提供国产化的创新应用平台。

精益传动设计软件的计算结果经中国船级社认证,与国外同类型软件计算结果误差在 5% 以内。到目前为止，它已拥有正式客户 60 多家，试用客户 100 多家，与各单位建立了良好的合作关系，共同成功研发了多款汽车、航空、兵器、风电、工程机械、轨道交通、试验设备等齿轮传动产品，得到了用户的高度认可。

5.2　分析流程介绍

减速器及其动力总成结构复杂，涉及因素较多，在开发的过程中，需要进行各种分析。当前，随着 CAE 技术的大力发展，许多基于 CAE 技术的工业软件得到广泛应用。在产品开发的过程中，无论是对开发质量还是对开发进度都起着越来越大的作用。下面结合一些典型的分析项目，对常用分析软件及分析方法的应用进行逐一介绍，主要包括壳体强度、总成模态、总成润滑、面压分析、壳体刚度、差速器强度和 28 工况等。

5.2.1　壳体静强度分析

1. 几何模型处理

1）以 Creo 软件创建的三维几何模型为基础，建立与 Masta 齿轮系统动力学分析模型的坐标系相同的局部坐标系。利用三维软件对不重要的特征进行处理，以简化模型（见图 5-4）。对于变形较大的轴承孔（悬臂式的），建议增加轴承外圈（模型越符合实际，越复杂不简化，分析结果越准确，但求解时长越长），否则仅留前后壳体进行分析。

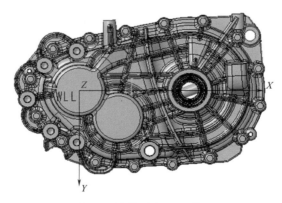

图 5-4　简化后的 Creo 模型

2）在该局部坐标系下导出 stp 格式的三维模型，如图 5-5 所示。

图 5-5　导出 stp 格式文件

2. 网格划分

1）在 SimLab 中建立网格模型，导入从 Creo 中导出的 stp 格式模型。

2）新建 sub model，将需要建立网格分析的模型放入，并重新命名。

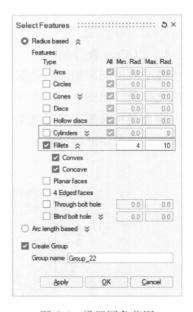

3）建立特征 group，设置网格控制参数，控制网格质量。这里有两种方案：一是优先控制关注区域，其次是接触区域，至少保证 3~4 层网格，其他区域可粗略设置，此种方法可控制网格数量；二是可根据图 5-6 所示进行圆角网格粗略设置，详细处理则需针对各个圆角特征设置不同网格大小（见图 5-7~图 5-10），保证面面俱到，网格数量较大，计算量庞大。

4）设置 2D 网格参数（见图 5-11），建立 2D 网格模型（见图 5-12），并检查网格质量（见图 5-13）。建议 Jacobian（雅克比）>0.7，

图 5-6　设置圆角范围

Aspect Ratio（长宽比）<10，最小单元尺寸不能低于基本网格尺寸的 1/10。看起来尽量美观（一般来讲，要求越严格，网格质量越好，分析越精确，要求越多调整修复越繁琐），不满足要求的网格用 CleanUp 清理，局部手动修改。

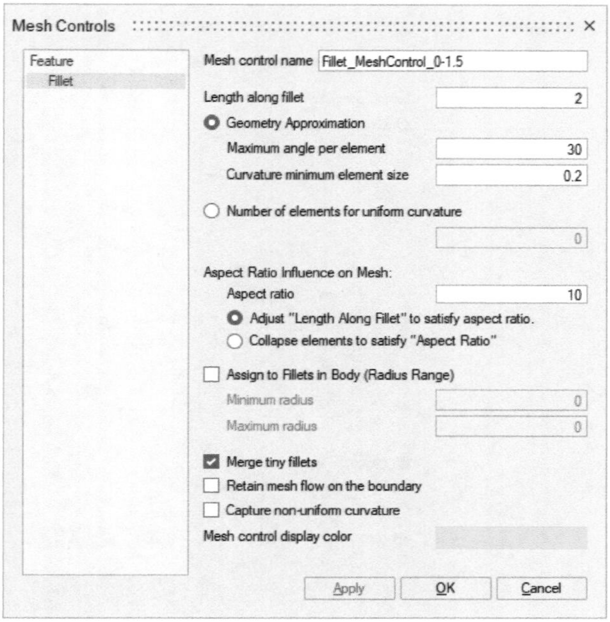

图 5-7　设置圆角网格控制参数（$R0 \sim R1.5$）

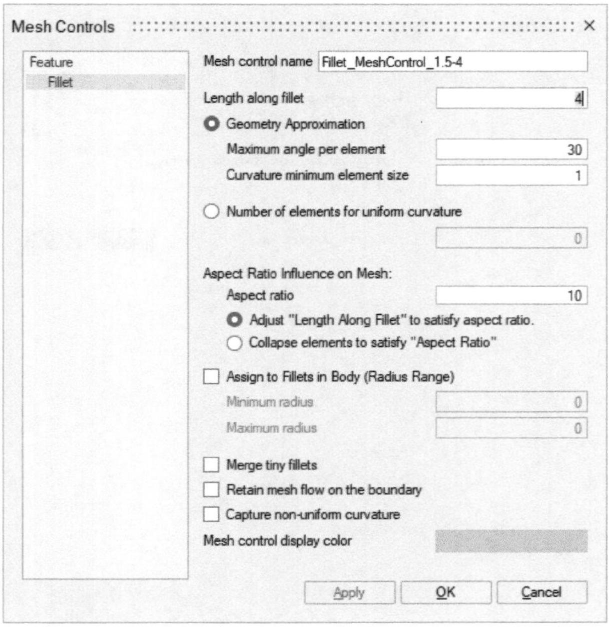

图 5-8　设置圆角网格控制参数（$R1.5 \sim R4$）

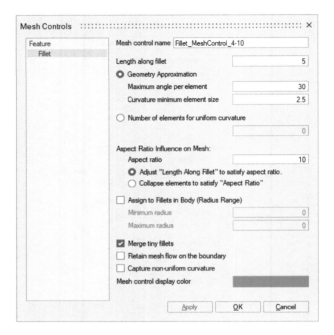

图 5-9　设置圆角网格控制参数（$R4 \sim R10$）

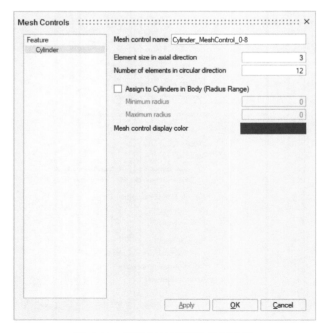

图 5-10　设置圆柱面网格控制参数

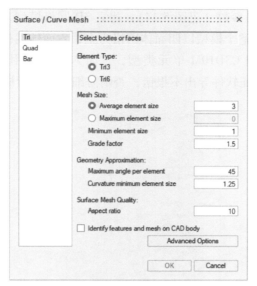

图 5-11 设置 2D 网格参数

图 5-12 2D 网格模型

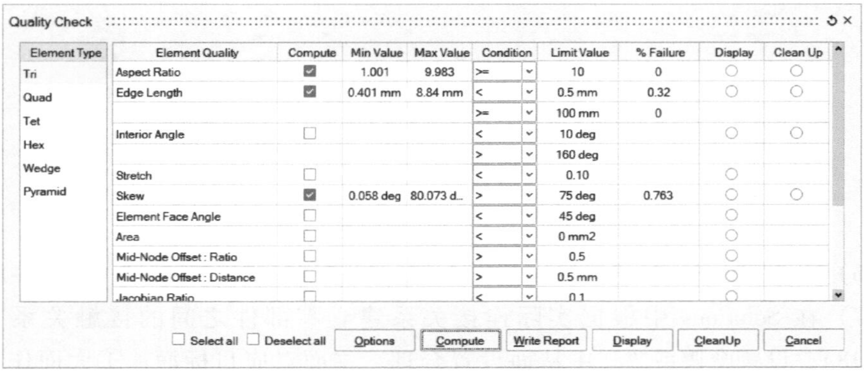

图 5-13 2D 网格质量检查

5）设置 3D 网格参数（见图 5-14），建立 3D 网格模型，并对网格质量进行检查（见图 5-15）。整个模型以四面体网格为主，六面体网格为辅，采用二阶单元，二阶四面体采用 C3D10M 单元类型，二阶六面体采用 C3D20R 单元类型，建议纵横比<10，保证软件导出不报错，否则需细化相关指标。

图 5-14 设置 3D 网格参数

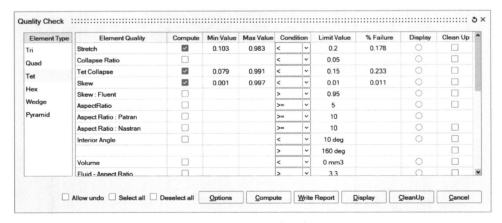

图 5-15 3D 网格质量检查

6）设置零件的材料及属性（见图 5-16），并查看零件对应材料（见图 5-17）。

7）在 Solutions 中根据实际连接关系建立零部件之间的接触关系（见图 5-18），设置摩擦系数，主从面设置合理。主面对应目标面：①大面作为主面；②刚度大的面作为主面；③粗糙面作为主面；④凹凸连接，凹面为主面。

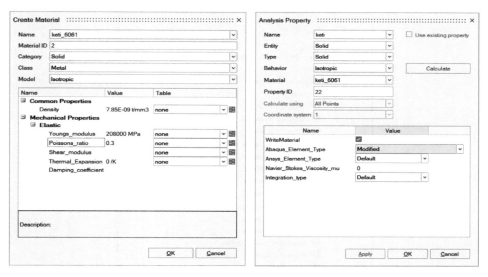

图 5-16　设置零件的材料及属性

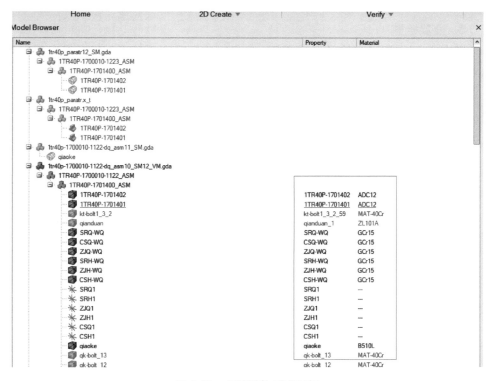

图 5-17　查看零件对应材料

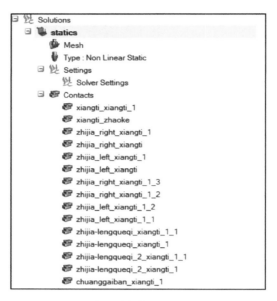

图 5-18　建立零部件之间的接触关系

3. 设置接触

壳体之间采用绑定接触（或者用 coupling 连接，会更精确，但容易出现应力集中，云图不美观），如图 5-19 所示。

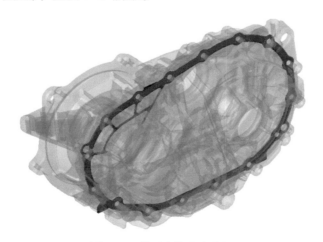

图 5-19　前后壳体绑定接触

4. 载荷及约束

1）约束：约束壳体与外部部件连接处的 6 个自由度，如图 5-20 所示。

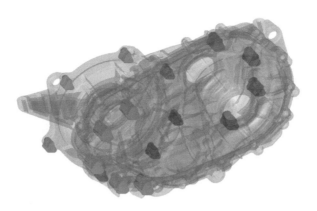

图 5-20　约束设置

2）载荷：从 Masta 齿轮动力学分析结果中导出壳体所受的轴承力（见图 5-21），并进行加载（见图 5-22，模拟轴承孔 120°接触受载）。

Results in FE Coordinate System													
Node	Description	Displacement						Force					
		Linear			Angular			Linear			Angular		
		X (μm)	Y (μm)	Z (μm)	θX (mrad)	θY (mrad)	θZ (mrad)	X (kN)	Y (kN)	Z (kN)	θX (N·m)	θY (N·m)	θZ (N·m)
差速器后轴承(Outer)	差速器Assembly\差速器后轴承	-17.8739	-30.0616	-39.6704	0.2083	-0.3804	-0.02295	-6.2765	-10.5098	-3.4601	81.6236	-46.8343	0
差速器前轴承(Outer)	差速器Assembly\差速器前轴承	5.2102	-9.2718	10.6582	-0.1074	0.01574	-0.004269	5.1188	-8.6619	9.9843	-87.5754	-19.0923	0
输入轴后轴承(Outer)	输入轴Assembly\输入轴后轴承	-6.5487	-2.1232	-17.588	-0.1911	0.3402	0.04916	1.714	-6.6113	-3.1388	52.2715	12.9612	0
输入轴前轴承(Outer)	输入轴Assembly\输入轴前轴承	2.0393	2.327	-1.8977	-0.002814	0.02886	0.02119	1.1934	-1.5197	-0.00021	-0.09154	0.09902	0
中间轴后轴承(Outer)	中间轴Assembly\中间轴后轴承	-7.829	2.1405	-39.5041	0.05129	0.2045	0.004418	-5.228	12.6948	-6.4957	-95.1346	-29.4605	0
中间轴前轴承(Outer)	中间轴Assembly\中间轴前轴承	1.8719	3.9756	-0.8846	0.06022	-0.03859	-0.003767	3.4775	14.6079	3.1104	79.5045	-17.6139	0

图 5-21　Masta 软件计算的轴承力

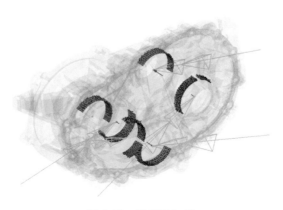

图 5-22　轴承孔加载

5. 提交 Abqus 计算并进行结果评价

应力结果如图 5-23 所示，塑性材料最大应力应小于材料的屈服强度（第四强度理论），脆性材料主要关注最大主应力。

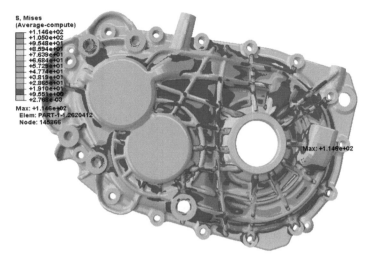

图 5-23　应力结果

5.2.2　总成模态分析

为了避免齿轮传动频率与壳体固有振动频率接近，发生共振，影响总成 NVH 性能，需对壳体进行模态分析，查看壳体固有振动频率是否满足使用要求。具体分析步骤如下：

1）壳体划分网格（按壳体强度分析流程里面划分网格步骤），如图 5-24 所示。

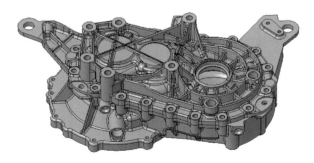

图 5-24　壳体 3D 模型

2）网格导入 Abaqus（包括前后壳体 3D 网格），如图 5-25 所示。

3）设置材料属性。

① 创建材料，Creat Material，并在 General 中设置密度，General/Density，

在 Mechanical 中设置弹性模量和泊松比，Mechanical/Elasticity/Elastic。注意：Abaqus 无固定的单位制，需要为各参数选择一套相匹配的单位。例如，长度单位为 mm，力单位为 N，质量单位为 t，时间单位为 s，密度单位为 t/mm^3，弹性模量单位为 MPa，计算得到的应力单位为 MPa，密度为 $2.7e-9t/mm^3$、弹性模量为 70000MPa、泊松比为 0.33，如图 5-26 所示。

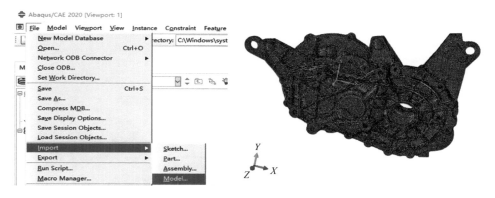

图 5-25　网格模型导入 Abaqus

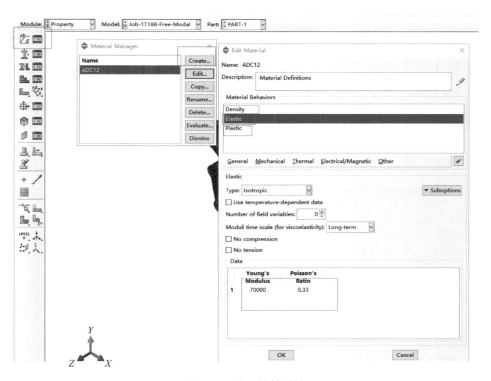

图 5-26　设置材料属性

② 创建截面属性，Creat Section，选择上一步创建的材料。

③ 分别为各零件附截面属性，Assign Section。

4）设置分析步，新建 Step，选择分析类型：Linear perturbation 的 Frequency，选择分析方法，以及指定分析阶次数或分析频率区间，如图 5-27 所示。

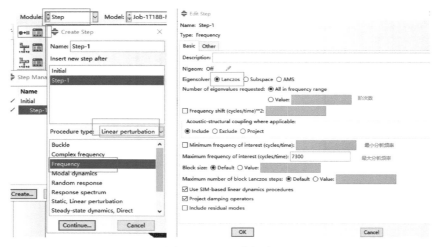

图 5-27　设置分析步

5）模型连接关系设置，由于前后壳体由螺栓连接，为简化分析，将螺栓连接简化为 rb2 连接，如图 5-28 所示（如在划分网格前完成处理，此项在这里可省略）。

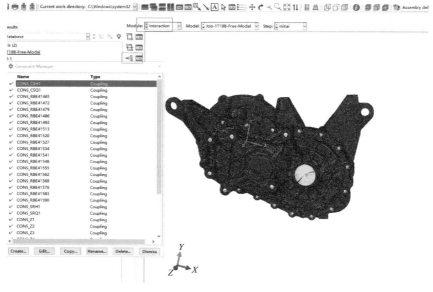

　　　　　　　　图 5-28　设置壳体连接关系

6）约束条件设置，模态分析有自由模态和约束模态两种。自由模态分析的是壳体在无外界约束条件下本身的特性，而约束模态由于增加了使用过程中的约束条件，分析结果更接近实际使用情况。如果是对壳体进行自由模态分析，可跳过此步，直接求解。

约束模态条件设置方法为在 Load 中设置模型的边界约束（边界条件尽量与实际对应，一般对悬置约束区域约束）。在模型约束位置施加固定约束，Load/Create Boundary Condition/Displacement Rotation，Continue，选择需要约束的节点，鼠标单击"确定"，勾选所有自由度，OK，如图 5-29 所示。

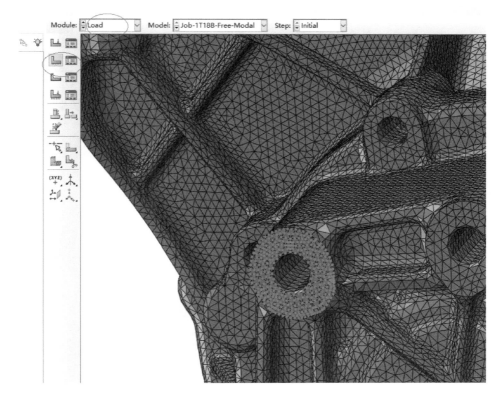

图 5-29　约束条件设置

7）创建求解任务，建立模态分析 Job。Job/Job Manager/Create，Source：Model，选择模型所在 Model，Continue，OK，单击右侧的 Submit 递交计算，如图 5-30 所示。

8）结果查看，自由模态前 6 阶一般为零，自由模态结果如图 5-31 所示，模态云图如图 5-32 所示。

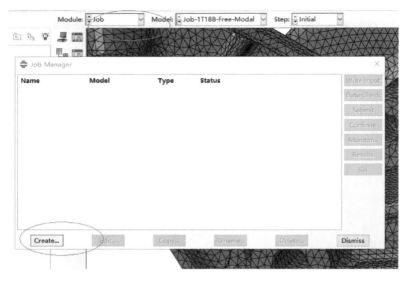

图 5-30　创建求解任务

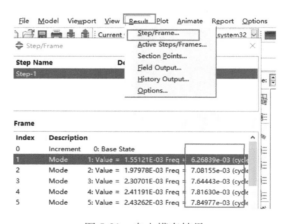

图 5-31　自由模态结果

9）分析与评价，对减速器来说，必须保证减速器壳体的固有频率要避开激励频率，从而消除壳体与其他零部件共振的隐患。

减速器作为汽车的一个重要部件，外部激励可从整车激励出发，因此可要求主机厂提供分析条件（约束模态、自由模态要求多少或者必须避开哪个区间段的频率）。

内部激励主要是根据减速器在电动机驱动下产生的齿轮啮合激励进行判断。

最理想的状态是约束条件下一阶固有模态避开减速器内齿轮的啮合频率。比如减速器最高转速 9000r/min，一级齿轮阶次 22（最大啮合频率 3300Hz），二级齿轮阶次 6.06（909Hz）；二级齿轮副最大啮合频率为 909Hz<1491Hz（壳体一阶模态频率），不会与壳体发生共振，一级齿轮最大啮合频率 3300Hz>1491Hz（对应输入转速 4066r/min），故在 4066～9000r/min 区间转速存在同频区间，具有共振风险。由于电动机转速范围很宽，壳体模态频率很难做到完全避开齿轮啮合频率，因此相比燃油车，电动车的 NVH 变得更为复杂，需要从整个系统出发计算动态激励的响应或通过整车振动试验分析，以得到较好的 NVH 效果。

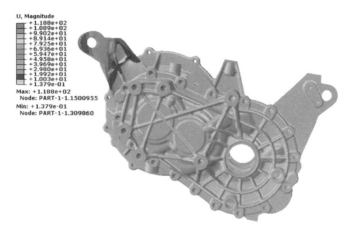

图 5-32　模态云图

模态分析是动力学分析的基础，故单一的模态分析仅作为参考，对壳体模态进行评价时，关注的重要程度依次为：减速器有较好的 NVH 结果→与各零部件（电动机、齿轮、轴承、轴等）均无共振→壳体的模态满足主机厂的模态要求→避开常用工况下的啮合频率→壳体的固有模态（结合振型，特别是关注振型影响齿轮支撑处）避开低速级啮合频率→壳体固有模态（结合振型）避开高速级啮合频率。

推荐分析流程：一阶约束模态避开低速级最大啮合频率→出具前几阶模态的分析报告→试验→针对试验异常进行反查。

5.2.3　总成润滑分析

前期需要的参数：3D 数模（无干涉）、工况参数（主要是转速）、润滑油参数（温度对应黏度和张力参数）、箱体摆放角度、正转方向（以逆时针方向为正）、软件（SimLab+nanoFluidX+paraview）。模型及输入条件如图 5-33 所示。

工况	位置	方向	输入轴转速/(r/min)	中间轴转速/(r/min)	输出轴转速/(r/min)	重力加速度G/(m/s^2)			油量Q/L	液面位置ΔH/mm
						x	y	z		
工况1	水平位置	正转	1000.00	−318.84	91.79	0	−9.8	0	0.55	73
工况2	水平位置	正转	2000.00	−637.68	183.57	0	−9.8	0	0.55	73
工况3	水平位置	反转	−2000.00	637.68	−183.57	0	−9.8	0	0.55	73
工况4	水平位置	正转	3000.00	−956.52	275.36	0	−9.8	0	0.55	73
工况5	水平位置	正转	5000.00	−1594.20	458.94	0	−9.8	0	0.55	73
工况6	水平位置	正转	8000.00	−2550.72	734.30	0	−9.8	0	0.55	73

安装角度/液面位置

润滑油德士龙6号	
密度/(kg/m^3)	850
运动黏度/(m^2/s)	9.8e-6(计算用)
	32e-6(40℃)
	6.4e-6(100℃)
表面张力系数/(N/m)	0.036

图 5-33　模型及输入条件

1）根据实际安装摆放角度，设置坐标系并另存（保证前进、垂直方向位于坐标系上），总成模型如图 5-34 所示。

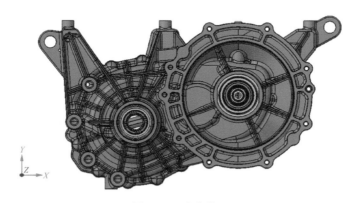

图 5-34　总成模型

2）模型导入 SimLab 软件，如图 5-35 所示。

3）面网格划分，如图 5-36 所示。

4）简化模型，一个齿轮箱内部零件非常多，但是用计算边界条件来区分的

图 5-35　模型导入 SimLab

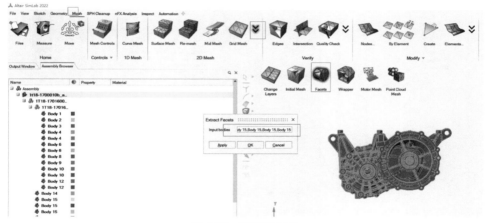

图 5-36　面网格划分

话，只包括：转动部件和静止部件及壳体壁面，同轴同转速的部件可以合并为一个 part，静止部件可以合并为一个 part（根据实际运动件的运动情况进行简化。目前考虑轴承模型分解不方便，同时为提高分析效率将减速器分组合并为输入轴总成、中间轴总成、差速器总成、前壳体和后壳体，最好将轴承分为内圈、外圈、滚动体并赋予实际转速，以获得更为精准的搅油信息和轴承进油量），如图 5-37 所示。赋予各个部件属性，如润滑油的密度、动力黏度等。润滑油设置如图 5-38 所示。

5）封闭空间，保证润滑油不泄漏，图 5-39 所示为开放位置进行封闭前的状态，图 5-40 所示为开放位置进行封闭后的状态。

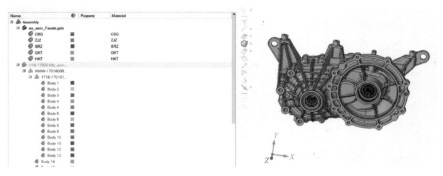

图 5-37　简化模型

图 5-38　润滑油设置

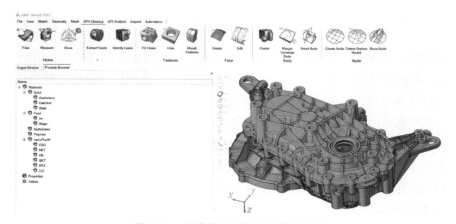

图 5-39　开放位置进行封闭前的状态

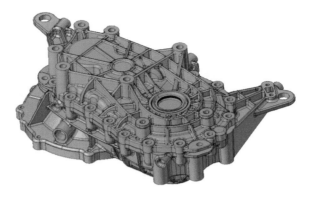

图 5-40 开放位置进行封闭后的状态

6）设置分析域，同时定义重力方向，如图 5-41 所示。

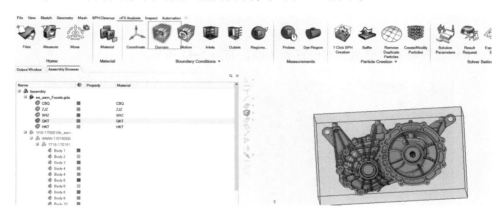

图 5-41 设置分析域

7）根据输入工况条件（见表 5-1），对不同部件进行转速设置（见图 5-42）。

表 5-1 输入工况条件

工况	位置	方向	输入轴转速/（r/min）	中间轴转速/（r/min）	输出轴转速/（r/min）
工况 1	水平位置	正转	1000	−318.84	91.79
工况 2	水平位置	正转	2000	−637.68	183.57
工况 3	水平位置	反转	−2000	637.68	−183.57
工况 4	水平位置	正转	3000	−956.52	275.36
工况 5	水平位置	正转	5000	−1594.20	458.94
工况 6	水平位置	正转	8000	−2550.72	734.30

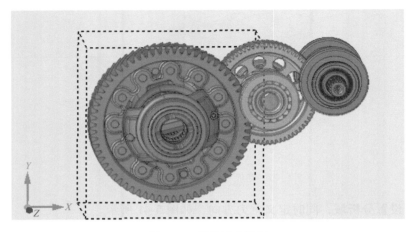

图 5-42　零件转速设置

8）设置需要监测油量的位置和区域，如图 5-43 所示。

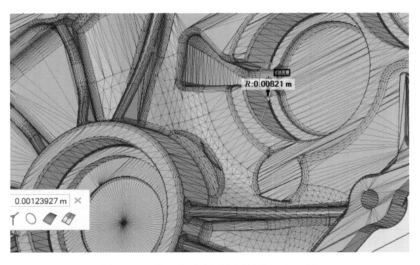

图 5-43　设置需要监测油量的位置和区域

9）设置粒子生成条件（见图 5-44），生成粒子模型（见图 5-45）。

10）删除重复粒子，如图 5-46 所示。

11）求解参数设置（见图 5-47），dx：粒径尺寸；t_end：计算总时长；Transport Velocity Formulation：输运速度方程，仅用于两相流分析；Surface Tension Model：表面张力模型，两相流分析选择 ADAMI；dt_output：粒子文件输出

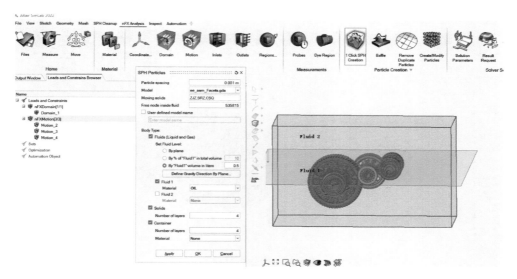

图 5-44　设置粒子生成条件

图 5-45　粒子模型

频率，由于粒子文件一般较大，推荐按照最慢轴每圈采样 15 ~ 20 步，即 dt_output = 60/rpm/15 ~ 20；dt_phaseinfo：文本文件输出频率，主要包括计算扭矩、流量，文本文件很小，输出频率可以增大，推荐按照最快轴每圈采样 15 ~ 20 步，即 dt_phaseinfo = 60/rpm/15 ~ 20，如图 5-48 所示。

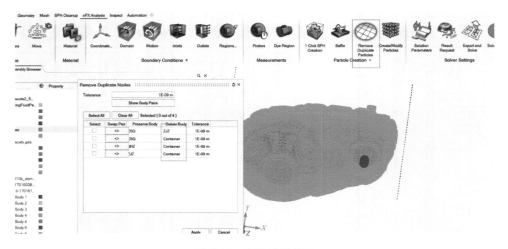

图 5-46　删除重复粒子

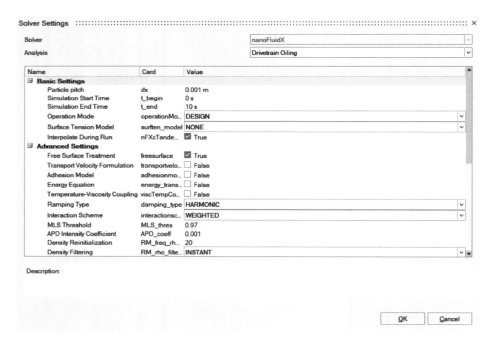

图 5-47　求解参数设置

12）导入 nanoFluidX 进行求解，并利用 paraview 进行结果查看，结果如图 5-49~图 5-52 所示。

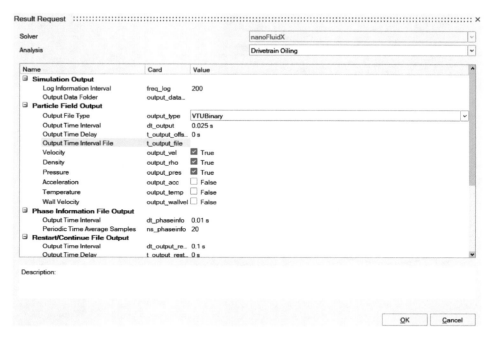

图 5-48　输出设置

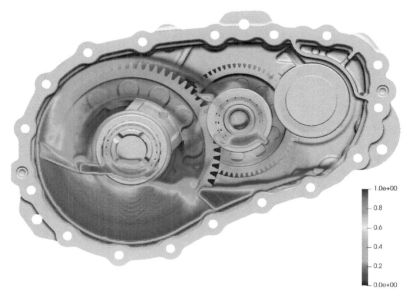

图 5-49　工况 1 后壳体视图

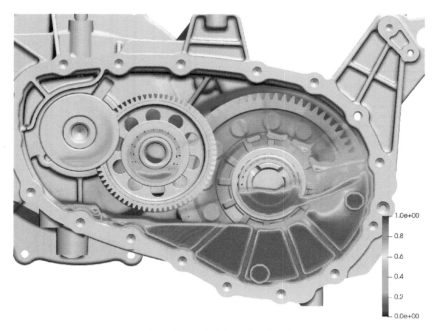

图 5-50　工况 1 前壳体视图

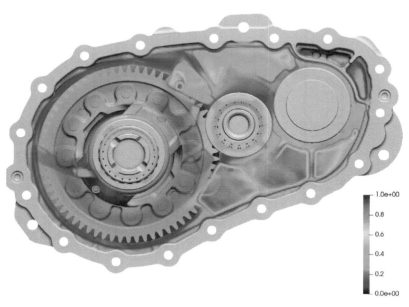

图 5-51　工况 6 后壳体视图

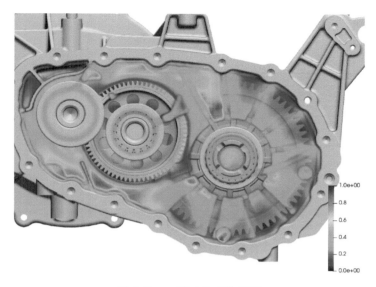

图 5-52　工况 6 前壳体视图

5.2.4　壳体面压分析

对壳体接合面进行面压分析，主要是为了杜绝由于螺栓布置及接合面结构设计不合理造成的漏油风险。在前面壳体设计一节有相应的设计要求，这里主要对分析流程进行说明：

（1）几何模型处理

1）以 Creo 软件创建的三维几何模型为基础，建立与 Masta 齿轮系统动力学分析模型的坐标系相同的局部坐标系。利用三维软件对不重要的特征进行处理，以简化模型。对于变形较大的轴承孔（悬臂式的），建议增加轴承外圈（模型越符合实际，越复杂不简化，分析结果越准确，但求解时长越长），否则仅留前后壳体和螺栓进行分析。

2）在该局部坐标系下导出 stp 格式的三维模型，如图 5-53 所示。

（2）网格划分

1）在 SimLab 中建立网格模型，导入从 Creo 中导出的 stp 格式模型，如图 5-54 所示。

2）建立特征 group（选择倒角 F0-1.5，F1.5-4，F4-10，以及螺栓孔，接合面，轴承孔作为 group），选择模型，框选模型，单击右键选择 Select Features，如图 5-55 所示。

图 5-53　导出模型

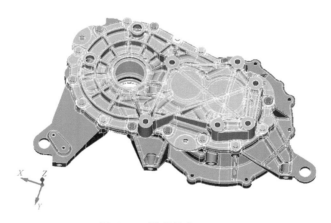

图 5-54　模型导入 SimLab

3）设置圆角网格控制参数（见图 5-56），控制圆角网格质量（见图 5-57～图 5-60），设置网格单元尺寸（见图 5-61）。

4）调整 2D 网格尺寸（见图 5-62），建立 2D 网格模型（见图 5-63）。并检查网格质量（见图 5-64），建议雅克比>0.7，Aspect Ratio<10，最小单元尺寸不能低于基本网格尺寸的 1/10，看起来尽量美观（要求越严格，网格质量越好，分析越精确，要求越多调整修复越繁琐），不满足要求的网格用 CleanUp 清理，局部手动修改。

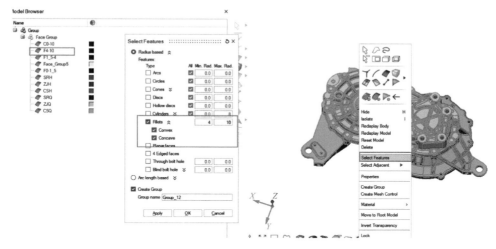

图 5-55 选择特征

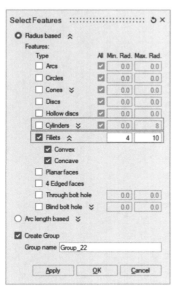

图 5-56 设置圆角网格控制参数

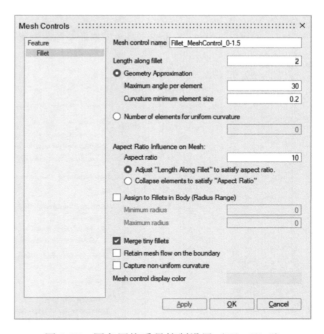

图 5-57 圆角网格质量控制设置（R0~R1.5）

　　5）设置四面体网格参数（见图 5-65），建立 3D 网格模型，采用二阶单元，二阶四面体采用 C3D10M 单元类型，保证软件导出不报错，否则需优化 2D 网格，重新生成 3D 网格。

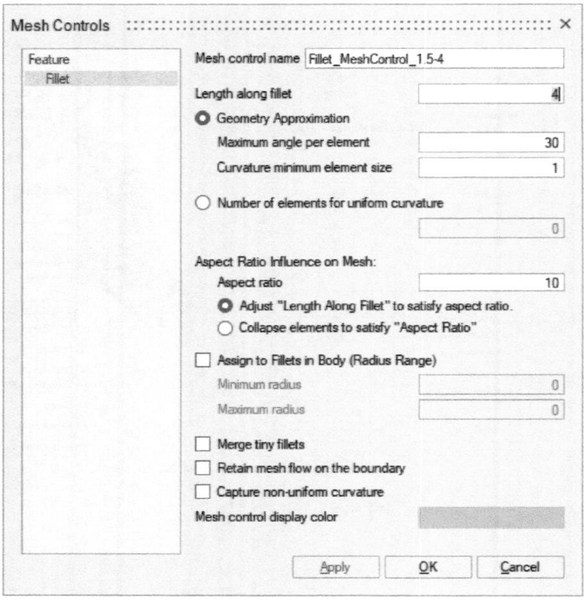

图 5-58　圆角网格质量控制设置（$R1.5 \sim R4$）

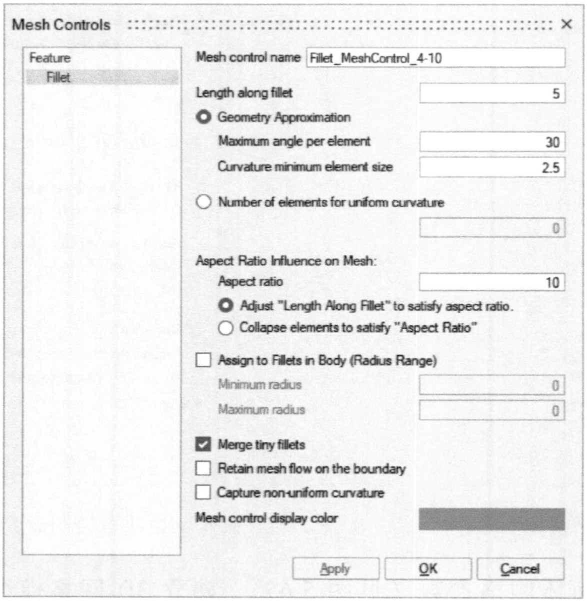

图 5-59　圆角网格质量控制设置（$R4 \sim R10$）

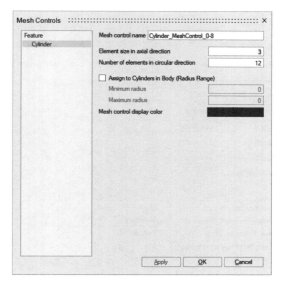

图 5-60　圆柱面网格质量控制设置

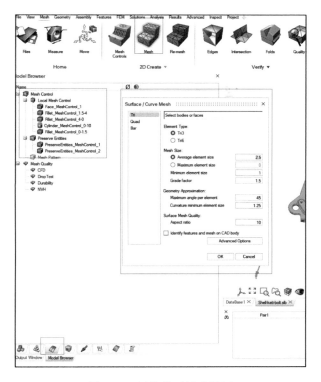

图 5-61　网格单元尺寸设置

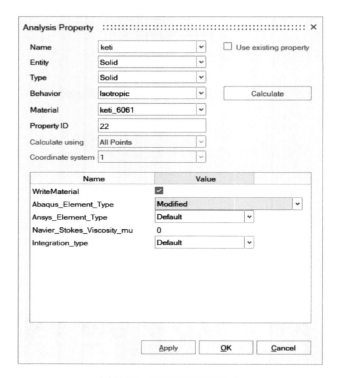

图 5-62　调整 2D 网格尺寸

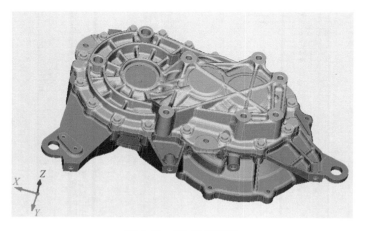

图 5-63　2D 网格模型

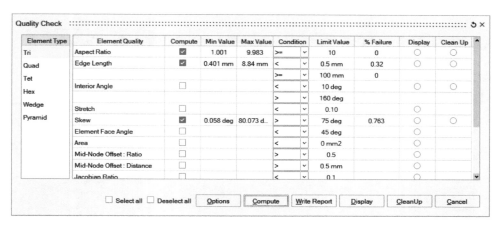

图 5-64　检查网格质量

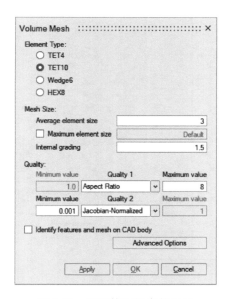

图 5-65　四面体网格参数设置

6）采用 SimLab 高级模块中的螺栓模块划分螺栓网格，如图 5-66 所示。

7）设置零件的材料及属性（见图 5-67），在模型树中可以看到零件对应材料列表，如图 5-68 所示。

（3）在 Solution 中根据实际连接关系建立零部件之间的接触关系　设置摩擦系数，主面要设置合理。主面：①大面作为主面；②刚度大的面作为主面；③粗糙面作为主面；④凹凸连接，凹面为主面。

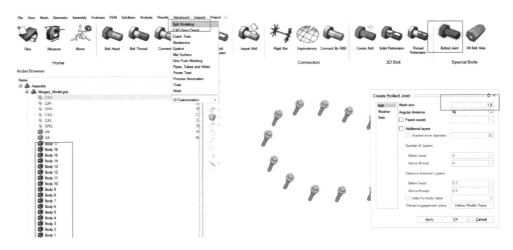

图 5-66　螺栓网格

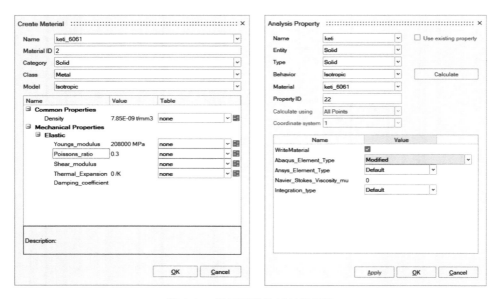

图 5-67　设置零件的材料及属性

1）接触设置：螺栓与螺纹孔设置 tie，螺栓法兰面与壳体面为接触，接触面设置为接触，如图 5-69 所示。

2）约束：约束壳体与外部部件连接处的 6 个自由度如图 5-70 所示。

3）施加载荷。

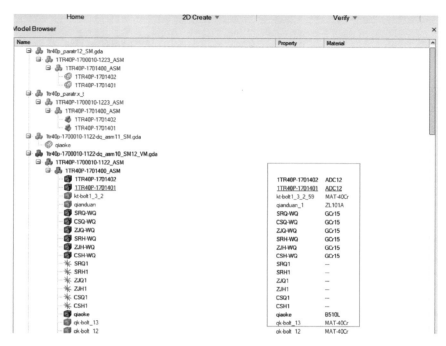

图 5-68　零件对应材料列表

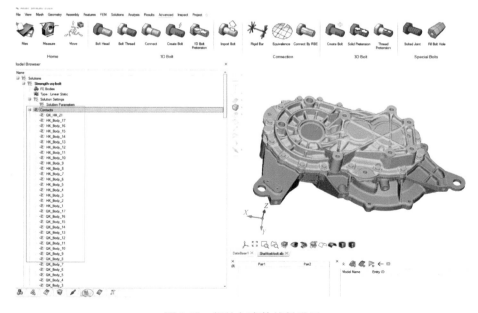

图 5-69　螺栓与壳体接触设置

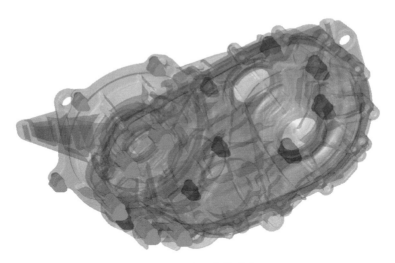

图 5-70 设置壳体约束

step1：施加螺栓预紧力（预紧力优先采用试验测试数据，其次根据标准选取，或 $F=T/0.2d$），如图 5-71 所示。

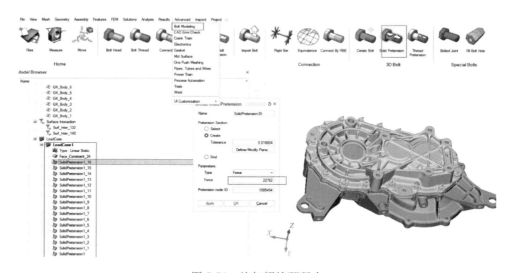

图 5-71 施加螺栓预紧力

step2：将 step1 的螺栓预紧力保留，改调整长度为 0（见图 5-72），从 Masta 齿轮动力学分析结果中导出壳体所受的轴承力（见图 5-73）并进行加载（见图 5-74，模拟轴承孔 120°接触受载），螺栓受力情况如图 5-75 所示。

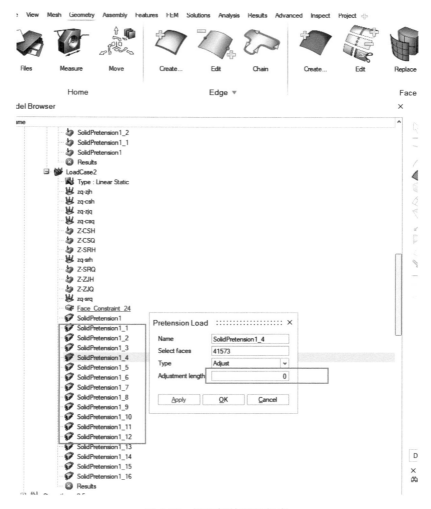

图 5-72　设置螺栓调整长度

Results in FE Coordinate System													
Node	Description	Displacement						Force					
		Linear			Angular			Linear			Angular		
		X (μm)	Y (μm)	Z (μm)	θX (mrad)	θY (mrad)	θZ (mrad)	X (kN)	Y (kN)	Z (kN)	θX (N·m)	θY (N·m)	θZ (N·m)
差速后轴承(Outer)	差速器差速后轴承	-3.8292	-25.4706	12.8757	-0.2742	-0.05151	-0.01192	-3.6851	-16.8359	4.7692	-115.86	23.7628	0
差速前轴承(Outer)	差速器差速前轴承	9.2622	-8.1076	-20.0996	0.1715	0.1722	-0.02792	11.3183	-6.3238	-15.0269	69.7643	53.3865	0
输入后轴承(Outer)	输入组件输入后轴承	-3.4293	0.4549	6.5354	-0.008759	-0.1541	0.04831	-3.7637	-8.1265	5.2907	-71.7783	30.6768	0
输入前轴承(Outer)	输入组件输入前轴承	1.0401	2.9184	-2.641	0.008717	0.04043	0.04941	0.5706	-2.1698	0.0002425	0.04895	-0.2499	0
中间后轴承(Outer)	中间轴中间后轴承	-4.0387	4.6554	11.5621	0.1784	0.05266	0.01382	-6.1625	16.1005	9.9151	121.7434	33.8529	0
中间前轴承(Outer)	中间轴中间前轴承	0.9974	6.1233	-2.7493	-0.04546	-0.05126	-0.01263	1.6861	17.4257	-4.8974	-112.4618	9.9859	0

图 5-73　轴承力

183

图 5-74　加载轴承力

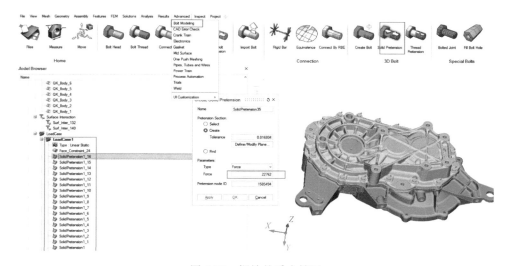

图 5-75　螺栓的受力情况

（4）提交 Abqus 计算　查看结果（见图 5-76 ~ 图 5-79），并对结果进行评价。

根据接合面涂胶的特性，胶在被挤压后最小厚度为 0.01mm，故要保证壳体接合面之间在负载作用下胶不失效，张开量贯穿的最大值要小于 0.01mm 才能满足壳体密封，要求分析结果 C open<0.01mm；对密封要求非常严格时，必须要求接触区域有压力值，贯穿区域压力为 0 时，存在漏油风险（由于接合面有涂胶，故该项只供参考）。为了保证胶不失效（被拉断），必须考虑胶的延伸率，比如胶的延伸率为 600%，最小厚度为 0.01mm，此时最大拉伸长度为 0.07mm，

则要求分析结果 CSLIP<0.07mm。

图 5-76　接合面张开量

图 5-77　接合面压应力

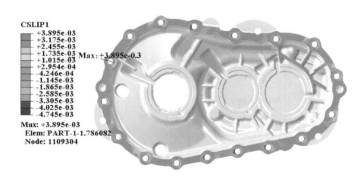

图 5-78　X 方向滑动量

在螺栓实际不打滑的情况下，螺栓的受力情况（见图 5-80）可作为螺栓强度分析依据。

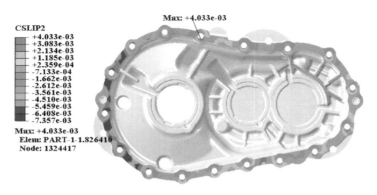

图 5-79　Y 方向滑动量

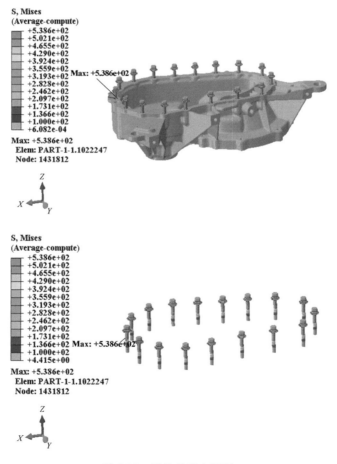

图 5-80　螺栓的受力情况

5.2.5　壳体刚度分析

减速器壳体刚度分析主要有静刚度分析和动刚度分析两种：静刚度仅考虑轴承孔处变形、轴变形及轮辐变形，影响齿轮错位量，进而影响总成 NVH 性能；动刚度一般分析悬置动刚度和轴承座动刚度。在减速器动态激励下，各零部件可能出现同频共振现象，激励悬置或轴承座产生较大变形，从而影响减速器性能（断裂或噪声）。

刚度的定义：抵抗壳体变形的能力。

$$K = F/X$$

式中，K 是刚度（N·m）；F 是力（IV）；X 是变形量（m）。

动刚度：抵抗动载荷下变形的能力，与频率有关。

$$K(j\omega) = F(j\omega)/X(j\omega) = -m\omega^2 + jc\omega + k$$

式中，$K(j\omega)$ 是动刚度；$F(j\omega)$ 是与频率相关力的复合函数；$X(j\omega)$ 是与频率相关位移的复合函数；m 是质量（kg）；ω 是角频率（rad/s）；j 是虚数单位；c 是阻尼系数（N·s/m）；k 是静刚度。

静刚度：产生单位位移所需要的力，一般分析的是施加单位作用力产生位移的倒数，详细过程在此不做说明，可查阅相关资料。

动刚度分析流程：

1）确定坐标系，如有试验一定要与试验坐标系一致。本次坐标系说明：输入轴由前指向后为 Z 轴，输入轴指向输出轴为 X 轴，Y 轴按右手坐标系，如图 5-81 所示。

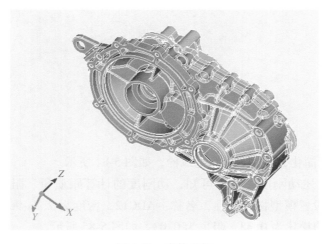

图 5-81　壳体坐标

2）简化模型，本次仅保留前后壳体，同时去除不必要的特征。

3）划分网格，特别对于轴承孔、悬置孔等重点关注位置进行细化，其他位置可适当粗画。网格模型如图 5-82 所示。

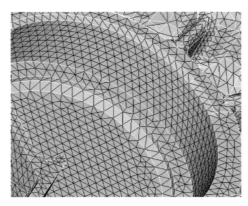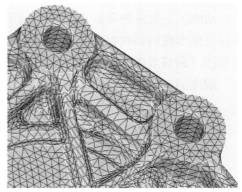

图 5-82　网格模型

4）将关注的轴承孔和悬置孔耦合成凝聚节点（见图 5-83），作为激励力作用点和位移检测点，设置命名 set 点，比如差速器后轴承凝聚节点命名为 CSH（后面能用上）。

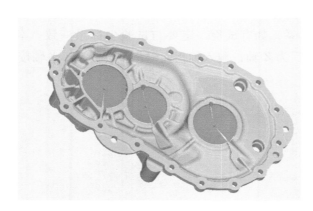

图 5-83　凝聚节点

5）将螺栓简化，利用 rb2 简化螺栓，如图 5-84 所示。

6）根据上述动刚度公式，可知，动刚度的计算跟质量、阻尼和静刚度有关，因此需要设置模型材料属性，名称：ADC12，密度为 2.7e-9t/mm^3，弹性模量为 70GPa，泊松比为 0.33，阻尼为 0.03，如图 5-85 所示。

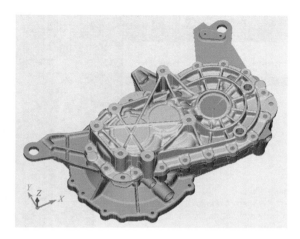

图 5-84　螺栓简化

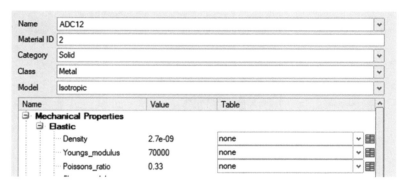

图 5-85　设置模型材料属性

7）求解模态，用 Abaqus 软件，将模型导入 Abaqus 软件，step 选择分析类型，Frequency 频率范围根据需要选择，考虑分析频率为 0～7000Hz，故设定为最大 7300Hz，如图 5-86 所示。

8）设置 step2：选择类型，设置扫频区域 0～7000，分析点为 50 个（见图 5-87），1～50 阶阻尼设置为 0.03（见图 5-88）。

9）设置 step2 的输出参数，如图 5-89 所示。

10）加载单位正弦载荷至轴承凝聚点，如图 5-90 所示，实部代表余弦，虚部代表正弦；CF1 代表 x 方向，CF2 代表 y 方向，CF3 代表 z 方向。

11）求解，分别输出 CSH 在 x、y、z 方向的位移，利用软件自带工具求倒数，如图 5-91 所示。

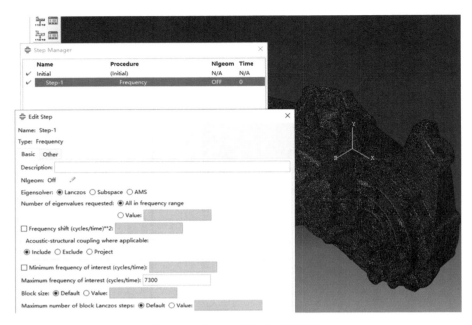

图 5-86　模态分析频率范围设置

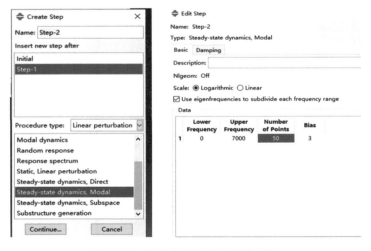

图 5-87　设置分析类型和分析点数

12）评价：动刚度分析为自由模态+扫频分析，故仅考虑第 7 阶模态后的扫频刚度，目前评价要求为 10000～20000N/mm，可根据实际情况进行调整，如图 5-92 所示。

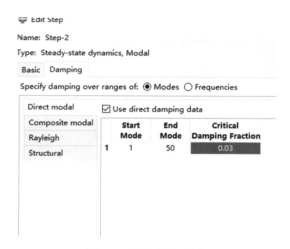

图 5-88　设置阻尼系数

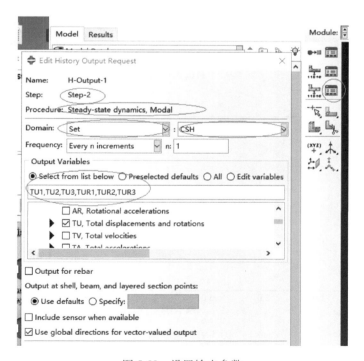

图 5-89　设置输出参数

13）优化：通过动刚度曲线，能直观观察出最容易被激励起的区域，理论优化路线分为两条：其一，单纯针对壳体薄弱位置刚度进行强化（比如对局部

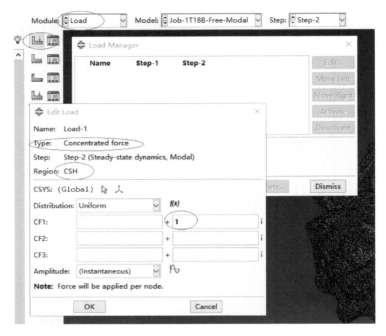

图 5-90　加载单位正弦载荷

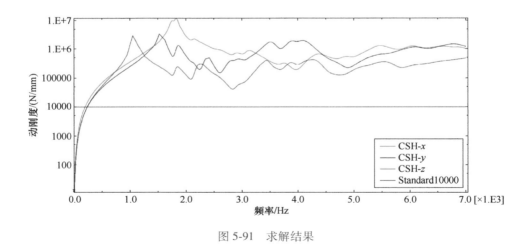

图 5-91　求解结果

加厚、加筋，调整造型，提高壳体的固有频率）；其二是对整个系统进行分析，在成本或布置限制无法大改的情况下，通过增加或减少壳体材料，使其薄弱点与外部其他激励频率错开。

1.轴承孔原点动刚度大于10000N/mm（1394.8~7000Hz），即可达到刚度要求。
2.悬置孔原点动刚度大于10000N/mm（1394.8~7000Hz），即可达到刚度要求。
根据分析结果可知，关注点动刚度满足标准。

		最小动刚度（N/mm）/对应频率（Hz）		
		x	y	z
输入轴	SRQ	2.99E+05/3951.13	3.33E+05/2247.13	218006/4698.3
	SRH	260145/4427.78	254118/4832.5	353135/1415.7
中间轴	ZJQ	251060/3948.42	95648.3/2521.62	49684/2959.69
	ZJH	266511/4427.78	219878/2593.57	89393.1/2091.08
差速轴	CSQ	264576/4444.34	162746/2524.65	130623/2837.74
	CSH	191809/3958.46	151836/2605.94	41902.3/2832.16

MODE NO.	频率/Hz	MODE NO.	频率/Hz	MODE NO.	频率/Hz
7	1394.8	22	4240.4	37	6075.9
8	1774.9	23	4442.4	38	6124.4
9	2101.3	24	4583.7	39	6200.5
10	2250.4	25	4699.1	40	6273.0
11	2517.8	26	4813.2	41	6385.0
12	2604.4	27	4886.0	42	6564.3
13	2841.2	28	4961.9	43	6738.2
14	2961.4	29	5103.6	44	6863.0
15	3037.7	30	5231.9	45	6995.4
16	3189.3	31	5333.0	46	7011.2
17	3564.4	32	5482.2	47	7063.3
18	3679.9	33	5547.5	48	7162.1
19	3948.4	34	5705.2	49	7244.5
20	3999.9	35	5816.1	50	7288.0
21	4151.4	36	6023.3		

图 5-92　数据分析

5.2.6　差速器分析

（1）几何模型处理

1）模型简化：对于不影响结果的零件进行去除倒角、孔特征的简化或直接去除零件，以提高计算分析效率。本次模型保留差速器壳、行星轴、半轴齿轮、行星齿轮、半轴齿轮垫片、行星齿轮垫片、弹性销、螺栓、主减齿轮腹板、传动半轴和轴承。

2）坐标系设置：差速器壳轴向为 z 轴，行星轴轴向为 x 轴，其他按右手坐标系。

（2）网格划分（二阶修正单元）　各零件有限元模型如图 5-93 所示。

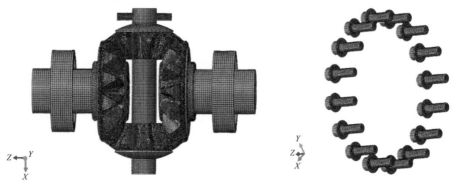

图 5-93　各零件有限元模型

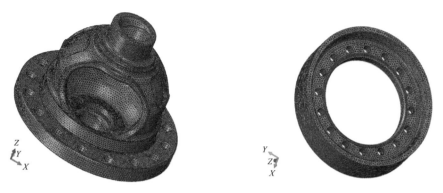

图 5-93 各零件有限元模型（续）

（3）根据零件材料定义材料属性 差速器常用材料见表 5-2，材料设置如图 5-94 所示。

表 5-2 差速器常用材料

材料	弹性模量/GPa	泊松比	抗拉强度/MPa	屈服强度/MPa
QT500-7	162	0.293	500	320
QT600-3	169	0.286	600	370
20CrMnTi	207	0.25	1080	835
20CrMoH	210	0.278	885	685
17CrNiMo6	210	0.3	1420	835
20MnCr5	209	0.28	1480	1230
65Mn	206	0.288	980	785

图 5-94 材料设置

（4）设置边界接触和作用载荷 螺栓法兰面与主减设置接触，螺栓与差速器壳螺栓孔设置 tie；差速器壳与轴承、主减、行星轴、行星轮垫片、半轴齿轮垫片设置接触；差速器壳与轴承内圈（也可设置过盈）、销设置 tie；半轴齿轮与行星轮、半轴垫片设置接触；半轴齿轮与传动半轴设置 tie；行星轮与行星垫片、行星轴设置接触；约束轴承外圈和半轴输出，如图 5-95 所示。

载荷：分为两步，第一步仅作用预紧力，模拟装配螺栓后的状态，如图 5-96 所示。

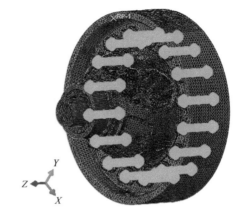

图 5-95　接触设置　　　　　　　　　图 5-96　设置预紧力

第二步：施加外部载荷三向力，差速器主要受齿轮副啮合作用载荷，因此通过齿轮啮合，根据输入作用扭矩和作用方向，可计算三向力和节圆直径，继而确定作用力大小、作用点和作用方向（通过 Masta 软件提取轴向力、径向力、圆周力和节圆直径）。根据坐标系，耦合点坐标一般设置为（节圆半径，0，0），如图 5-97 所示。

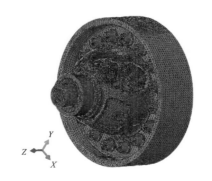

输入扭矩	250N·m	
输出轴齿轮啮合力	径向力/kN	18.6468
	切向力/kN	−21.2588
	轴向力/kN	−9.7456

图 5-97　载荷设置

（5）求解并导出应力图　应力图如图 5-98~图 5-104 所示。

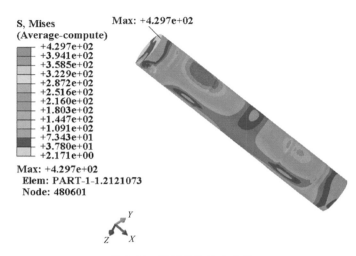

图 5-98　行星齿轮轴应力图

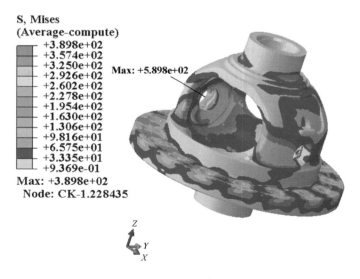

图 5-99　差速器壳体应力图

（6）结果判定　原则上，所有零件的应力应小于材料的屈服强度（见表 5-3），可结合实际情况判定最大应力位置是否允许塑性变形。

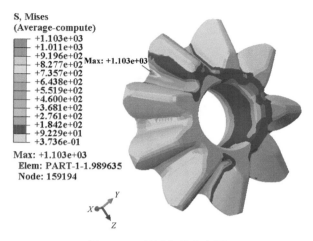

图 5-100　行星齿轮应力图

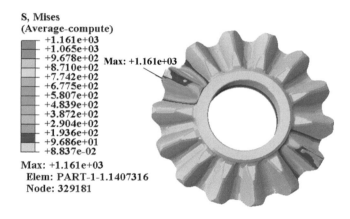

图 5-101　半轴齿轮应力图

表 5-3　零件应力结果及判定

零部件名称	零部件材料	屈服应力/MPa	屈服强度/MPa	是否满足设计强度要求
差速器壳	QT600-3	389.8	370	局部过大
行星齿轮轴	20MnCr5H	429.7	1232	是
行星齿轮	20MnCr5	1103	1232	是
半轴齿轮	20MnCr5	1161	1232	是

图 5-102 半轴齿轮垫片应力图

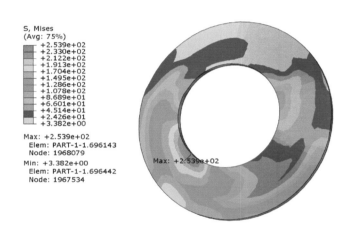

图 5-103 行星齿轮垫片应力图

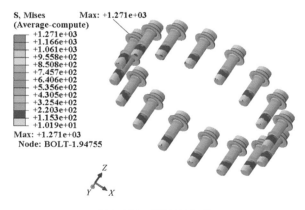

图 5-104 螺栓应力图

查看结果并进行分析：

1）行星齿轮轴主要看应力是否超过其屈服极限，表面是否有塑性变形，如图 5-98 所示。

2）差速器壳在行星齿轮轴孔处，由于结构因素，通常会有一定的塑性变形，但不影响使用，可以通过试验进行验证，如图 5-99 所示。

3）差速器行星/半轴齿轮工作速度慢，循环次数少，只需进行静强度校核，此时，不关注齿面接触应力，只考察齿根应力，如图 5-100 和图 5-101 所示。

4）垫片通常采用 65Mn 材料，CAE 分析很少会不通过，但由于没有考虑热处理的影响，后续试验时需注意其接触和磨损情况，如图 5-102 和图 5-103 所示。

5.2.7　28 工况分析

美国通用公司根据汽车行驶情况，将全路况分为 28 个工况（见表 5-4）。减速器或动力总成一般靠三悬置、四悬置或多悬置支架悬挂在车架上。在车辆行驶冲击过程中，悬置区域极容易出现失效现象，因此对减速器或动力总成的悬置强度进行评价十分有必要。

减速器的 28 工况分析，主要是对壳体悬置的强度进行评价，判断是否满足强度要求。国内目前流行较广的 28 工况是从 GMW14116《悬置子系统技术条件》这份标准而来的，各个主机厂根据自家的情况，对于工况的定义会有所差异。

表 5-4　28 工况分析标准

工况	动力总成悬置系统分析工况	动力总成的重力加速度 g			动力总成扭矩/N·m	工况类型
		X	Y	Z		
1	静态设计位置（动力总成自重下）			−1.0	0	典型
2	发动机最大前进扭矩			−1.0	1832.59	典型
3	发动机最大后退扭矩			−1.0	−1832.59	典型
4	发动机最大前进扭矩 & 前进加速度	0.5		−1.0	1832.59	典型
5	发动机最大前进扭矩 & 左传		1.0	−1.0	1832.59	典型
6	发动机最大前进扭矩 & 右转		−1.0	−1.0	1832.59	典型
7	发动机最大前进扭矩 & 垂直向下冲击			−3.0	1832.59	典型
8	发动机最大前进扭矩 & 垂直回弹			1.0	1832.59	典型
9	发动机最大后退扭矩 & 后退加速度前驱	−0.6		−1.0	−1832.59	典型
10	8KPH 前碰（−11g）	−11		−1	0	极端
11	8KPH 后碰（+11g）	11		−1	0	极端

（续）

工况	动力总成悬置系统分析工况	动力总成的重力加速度 g			动力总成扭矩/N·m	工况类型
		X	Y	Z		
12	垂直向上加载（深坑）			4	0	极端
13	垂直向下加载（深坑）			-6	0	极端
14	横向向左加载		-3.0	-1.0	0	极端
15	横向向右加载		3.0	-1.0	0	极端
16	垂直向上 & 横向向左加载		-3.0	-1.0	0	极端
17	垂直向上 & 横向向右加载		3.0	-1.0	0	极端
18	垂直向下 & 横向向右加载		-3.0	-1.0	0	极端
19	垂直向下 & 横向向左加载		3.0	-1.0	0	极端
20	坏路向上			2.5	0	典型
21	坏路向下			-4.5	0	典型
22	前进纵向加载（全油门加速）	-3.0		-1.0	0	典型
23	后退纵向加载（全油门加速）	3.0		-1.0	0	典型
24	全油门 N 到 D 档/离合器低档全油门结合			-1.0	1832.59	极端
25	全油门 N 到 R 档/离合器倒档全油门结合			-1.0	-2879.78	极端
26	1 倍重力加速度载荷			-1.0	0	典型
27	部分前进扭矩（5/8 全油门）			-1.0	1145.37	典型
28	部分倒档扭矩（5/8 全油门倒档）			-1.0	-1145.37	典型

目前主要有两种计算分析方式（基于整车坐标系）。

第一种：从工况本身出发，建立完整的动力总成模型，根据 28 工况载荷条件进行输入，分析悬置的受力情况。

1）建立尽可能完整的 3D 分析模型，图 5-105 所示为总成模型。

2）根据零件质量参数（见表 5-5），将输入轴、中间轴、输出轴（以下简称三轴）、转子、MCU 的质量以质量单元的形式添加到模型中，减速器和电机的不足质量（缺失的零件质量）也以配重形式用质量单元添加到模型中，保证减速器、电机的总质心位置和总质量准确无误，如图 5-106 所示。

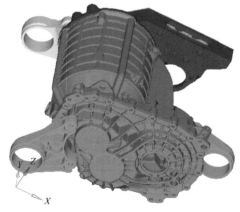

图 5-105　总成模型

表 5-5　零件质量参数

模型	质量/kg	质心坐标		
		x	y	z
电机总成	52.2	$2.81×10^3$	$4.55×10$	$3.33×10$
电机转子	17.2	$2.81×10^3$	$2.33×10$	$3.05×10$
电机配重	26.5089	$2.81×10^3$	$3.69×10$	$3.16×10$
输入轴总成	2.58	$2.81×10^3$	$-1.77×10^2$	$3.05×10$
中间轴总成	5.075	$2.88×10^3$	$-1.79×10^2$	$-2.83×10$
主减及差速器总成	10.12	$2.99×10^3$	$-1.43×10^2$	$3.05×10$
减速器总成	32.94	$2.91×10^3$	$-1.30×10^2$	$2.06×10$
减速器配重	1.5373	$2.93×10^3$	$-9.33×10$	$2.61×10$
MCU	7.3	$2.97×10^3$	$6.3×10$	$1.83×10^2$

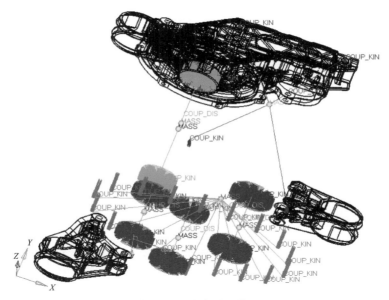

图 5-106　总成质量模型

3）将悬置弹性中心与悬置支架运动耦合，在弹性中心共位置点建立一固定节点（与弹性中心相互独立），在固定节点处建立悬置局部坐标系，在弹性中心和固定节点间按悬置局部坐标方向建立衬套单元，施加相应的刚度，以模拟实际约束，如图 5-107 所示。

4）根据动力悬置28工况计算数据（见表5-6），施加载荷并求解，分析云图如图 5-108 所示。

图 5-107　节点耦合

表 5-6 产品 28 工况对应数据

工况	mount left (左悬置点)/N			mount right (右悬置点)/N			mount rear-f (后悬置前点)/N			mount rear-r (后悬置后点)/N		
	X	Y	Z	X	Y	Z	X	Y	Z	X	Y	Z
1	-5.48	-7.29	413.02	-3.62	7.29	408.33	9.10	-0.01	0.22	9.10	-0.01	0.22
2	-3273.622	17.664	167.8078	-1943.45	-1.40	270.34	5217.07	-16.26	383.42	5217.07	-16.26	383.42
3	4480.9849	344.9287	-658.6207	2442.03	6.48	-24.13	-6923.02	-351.41	1504.31	-6923.02	-351.41	1504.31
4	-3390.98	17.47	174.33	-2093.28	-2.22	273.47	5073.47	-15.24	373.77	5073.47	-15.24	373.77
5	-3259.44	-391.67	296.41	-1969.08	-352.22	197.64	5228.52	-77.68	327.52	5228.52	-77.68	327.52
6	-3321.44	421.11	115.02	-1940.46	359.16	392.15	5261.90	41.30	314.39	5261.90	41.30	314.39
7	-3216.09	14.61	892.89	-1910.73	3.46	1025.18	5126.81	-18.08	546.62	5126.81	-18.08	546.62
8	-3348.41	19.10	-522.19	-1987.30	-3.28	-462.23	5335.71	-15.83	162.85	5335.71	-15.83	162.85
9	4552.28	318.68	-587.17	2599.45	0.92	-1.27	-6658.79	-319.60	1410.00	-6658.79	-319.60	1410.00
10	2488.9021	0.1627	342.0718	3257.6611	4.51	368.34	3290.67	-4.67	111.16	3290.67	-4.67	111.16
11	-2433.598	-3.4204	427.5734	-3233.551	7.70	419.49	-3370.08	-4.28	-25.50	-3370.08	-4.28	-25.50
12	26.716	28.4594	-1656.902	17.156	-28.27	-1634.55	-43.87	-0.19	5.18	-43.87	-0.19	5.18
13	-35.3476	-35.9514	2472.6627	-22.9131	36.18	2447.26	58.26	-0.23	9.47	58.26	-0.23	9.47
14	-14.70	1322.94	55.94	-21.29	1140.18	765.01	35.99	1.58	0.61	35.99	1.58	0.61

（续）

工况	mount left (左悬置点)/N			mount right (右悬置点)/N			mount rear-f (后悬置前点)/N			mount rear-r (后悬置后点)/N		
	X	Y	Z	X	Y	Z	X	Y	Z	X	Y	Z
15	2.50	-1349.70	769.15	14.34	-1115.76	52.93	-16.84	0.76	-0.51	-16.84	0.76	-0.51
16	-14.70	1322.94	55.94	-21.29	1140.18	765.01	35.99	1.58	0.61	35.99	1.58	0.61
17	2.50	-1349.70	769.15	14.34	-1115.76	52.93	-16.84	0.76	-0.51	-16.84	0.76	-0.51
18	-14.70	1322.94	55.94	-21.29	1140.18	765.01	35.99	1.58	0.61	35.99	1.58	0.61
19	2.50	-1349.70	769.15	14.34	-1115.76	52.93	-16.84	0.76	-0.51	-16.84	0.76	-0.51
20	15.29	17.92	-1034.53	9.93	-17.85	-1021.28	-25.21	-0.07	1.89	-25.21	-0.07	1.89
21	-25.31	-34.03	1854.86	-16.84	34.19	1836.90	42.14	-0.16	5.29	42.14	-0.16	5.29
22	668.58	-7.84	397.65	882.43	9.10	400.27	913.69	-1.25	23.65	913.69	-1.25	23.65
23	-675.55	-5.55	425.37	-888.37	5.77	415.49	-900.77	-0.22	-19.29	-900.77	-0.22	-19.29
24	-3273.622	17.664	167.808	-1943.45	-1.40	270.34	5217.07	-16.26	383.42	5217.07	-16.26	383.42
25	6848.3748	585.0568	-931.3222	3632.98	143.80	45.38	-10481.35	-728.85	1707.50	-10481.35	-728.85	1707.50
26	-5.48	-7.29	413.02	-3.62	7.29	408.33	9.10	-0.01	0.22	9.10	-0.01	0.22
27	-2067.01	2.32	277.45	-1230.47	12.66	337.28	3297.48	-14.99	206.83	3297.48	-14.99	206.83
28	2346.82	45.98	244.08	1363.16	-5.35	329.04	-3709.98	-40.63	248.45	-3709.98	-40.63	248.45

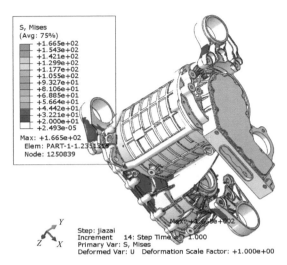

图 5-108　分析云图

第二种：目前比较常规且简便的一种方式，根据客户提供的悬置载荷力+惯性释放进行分析。

1）建立分析模型（包括前后壳体、悬置模型），并赋予相应材料，如图 5-109 所示。

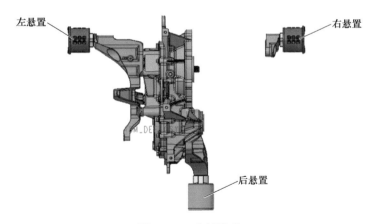

图 5-109　分析模型

2）减速器和电动机的不足质量以配重形式用质量单元添加到模型中（见图 5-110），同方法 1。

3）将悬置弹性中心与悬置支架运动耦合，将载荷力作用至对应悬置弹性中心，同时对模型施加惯性释放 Inertia_Relief。

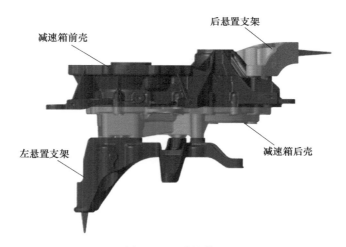

图 5-110 质量模型

4）求解并观察壳体 mises 应力和 peeq 塑性应变，应力云图如图 5-111 所示。

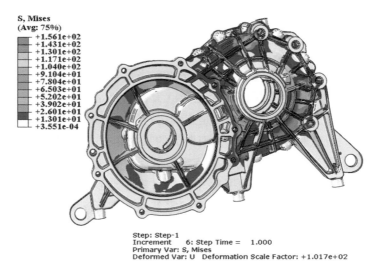

图 5-111 应力云图

5）评判：典型工况下应力应低于屈服强度，极限工况下应力允许超过屈服强度，但塑性应变不超过 0.2%。

第 **6** 章
台架试验

在减速器及动力总成的开发过程中，涉及许多参数选择和理论计算，许多指标都是设计人员根据经验和手册确定的。尽管现在有各种设计分析软件能够很好地帮助设计人员规避一些设计缺陷，但总有考虑不到的地方，难免会与实际的使用情况有差异。总成试验验证，可对减速器各种性能做出客观评价，既是检验已有设计是否合格的有效途径，又为进一步修改和优化减速器设计提供了依据，并可对减速器性能进行检验，确定其薄弱环节，以便进一步研究改进。为了保证开发出的产品能够满足客户的使用要求，试验验证是必不可少的一个重要环节。

试验的方法有很多，最接近实际情况的方法是实车搭载并在正常使用中进行验证，但这种方案周期太长，试验耗费巨大，主要是一些商用车采用该种方案。因为商用车作为生产资料，通常是连续运行的，所谓"人歇车不歇"，可以在较短时间内完成试验里程，而作为消费品的乘用车，很少采用该种试验方式。与正常行驶试验较为接近的是试验场特定行驶条件下的道路试验，虽与实际使用条件有差异，但也基本上覆盖了整车使用过程中遇到的大多数典型路况。道路试验的目的主要是对汽车整车及其关键零部件在实际运行状态下进行的性能试验。利用道路试验，可以评估车辆的动力性、经济性、制动性和 NVH 性能等。车辆通过了道路试验验证，说明符合国家和地方制定的相关法规和标准，达到了量产的要求，这种试验是必不可少的，它是对整车综合性能的验证。台架试验是根据采集到的路谱，在实验室对实际使用条件进行的模拟，台架试验属于加速试验，与前两种试验相比，虽然有许多缺陷，试验条件与实际使用情况有较大差异，并且验证的只是减速器本身的一些性能，但却也有很多自己独特的优点。台架试验操作全部在室内，方便应用先进、有效的试验手段；试验周期短，拆装方便，不受天气、周围环境及道路条件的影响，可在很大程度上排除人为的错误；试验过程中如出现异常，可以通过传感器及检测设备及时发现，有利于对故障原因进行分析；并且试验条件可以准确地进行重复验证，对不同的试验条件及不同的产品状态进行对比验证也较为方便。

减速器及动力总成的台架试验主要发生在四个阶段：

第一阶段是工程样机的验证，行业俗称 A 样。该阶段的许多零件都是采用万能办法加工出来的，主要是验证产品的设计方案和关键技术。

第二阶段是工装样机的验证，行业俗称 B 样。该阶段的零件采用专用模具、刀具、夹具等各种工位器具生产，已经是最终状态，达到量产标准。该阶段主要是验证产品的各项指标是否达到设计要求，其试验是最重要的。客户整车路试使用的也是该阶段样机，也有厂家为了追求产品开发的速度，产品还没有完全定型的时候就进行开模。如果在验证过程中发现问题，则定型后通过修模或重新开模来达到最终状态。

第三阶段是生产样机，行业俗称 C 样，该阶段的产品是在生产线上严格按照节拍生产的，从下线的产品中随机抽选样机进行试验，是产品量产前的一次把关，评价的是生产能力和品质保障能力。

第四阶段是年度型式试验，主要是在量产过程中，评价生产能力和品质保障能力的稳定性。整车厂和供应商通过协商，根据一定的周期或产量来确定进行抽样验证的频次。

台架试验项目主要包括总成疲劳耐久试验、总成冲击试验、润滑试验、动态密封试验、差速器耐久试验、差速器冲击试验、效率试验和振动噪声试验等。

对于以上试验，传统燃油车变速器已经形成了很成熟的试验方案，而新能源汽车减速器及动力总成，由于电动机性能与发动机相差较大，因此原来的试验方法不再适用。为此，各个整车厂都提出了各自的试验方案，有的要求高，有的要求低。2015 年，由安徽星瑞齿轮传动有限公司牵头推出的行业标准 QC/T 1022—2015《纯电动乘用车用减速器总成技术条件》，一定程度上规范了行业乱象，但由于其个别试验方法的合理性存疑，许多企业并没有完全采用。2023 年，中汽研汽车检验中心（天津）有限公司（简称天津检验中心）牵头对 QC/T 1022—2015 标准进行修订，召集行业内规模及影响力较大的企业进行了多轮讨论，各家都提供了自己多年来在新能源汽车减速器及动力总成试验方面的心得，新修订的标准更为合理。

6.1 总成耐久试验

《汽车机械式变速器总成技术条件及台架试验方法》是重庆青山工业有限责

任公司牵头起草的行业标准 QC/T 568—2019，该标准涉及的变速器档位比较多，共 15 个前进档，这里主要参考常用的 6 个前进档变速器。标准对不同车型的试验方案进行了区分，与新能源乘用车减速器及动力总成相对应的应该是标准中的 M 类车型（M_1 类、M_2 类和 M_3 类）和部分 N 类车型，见表 6-1。

表 6-1　变速器类型及寿命指标

变速器类型		寿命指标——输出轴循环个数（$\times 10^5$）						
		1 档	2 档	3 档	4 档	5 档	6 档	倒档
M_1 类	五档变速器（不带差速器）	2.28	11.79	45.66	121.72	198.00	—	0.44
	五档变速器（带差速器）	0.30	2.91	10.85	33.16	55.28	—	0.12
	六档变速器（不带差速器）	1.50	9.28	37.11	83.25	130.00	157.93	0.44
	六档变速器（带差速器）	0.28	2.30	9.32	21.36	31.59	42.17	0.12
M_2 类 M_3 类	五档变速器	1.50	12.00	50.00		152.00		0.44
	六档变速器	1.00	5.00	22.00	72.00	—	195.00	0.44
N 类	五档变速器	2.0	15.0	62.0	121.0	—	—	2h
	六档变速器	2.0	10.0	22.0	45.0	121.0	—	2h

　　注：1. 直接档可以不试验。

　　　　2. 对于其他特殊情况，当该档传动比大于或等于 10 时，按半载 2h 进行试验。

变速器的耐久性评价是以整车的使用里程为依据的，而与里程最直接相关的是与车轮相连的输出端循环次数，因此用输出端循环次数评价耐久性是合理的。但事实上，由于同类型的车，发动机转矩及转速和变速器传动比都差别不大，因此全部转换为输入轴循环次数也是可以的。以五档变速器为例，可以发现，低速高扭（一档、二档和三档）占比小（14%～40%），高速低扭（四档和五档）占比大（60%～86%），就里程来讲，低速高扭主要是起步加速使用，占比少是合理的。而现有新能源汽车减速器通用标准里的耐久试验方法，虽然其指标按输出端循环次数是合理的，但其比例分配是不科学的。在不考虑反拖的情况下，低速高扭占比 67%，高速低扭占比 23%，刚好与 QC/T 568—2019 的比例相反，造成许多已经量产的产品无法通过该试验标准，见表 6-2。有企业做过分析对比，以一辆整备质量 1400~1800kg、里程寿命 10 年 30 万 km 的纯电动乘用车为例，新能源汽车减速器的现有通用标准对疲劳耐久的考核约为整车寿命的 190%，如图 6-1 所示。

表 6-2 QC/T 1022—2015 中纯电动乘用车减速器总成耐久试验方法

试验条件			寿命指标（输出端转数）		
			正转正驱动	正转反驱动	反转正驱动
高扭工况	1	输入转速/(r/min)	最大功率点转速±5‰	$\geqslant 80\times10^5$	—	0.35×10^5
		输入扭矩/N·m	最大输入扭矩±5			
	2	输入转速/(r/min)	（最大功率点转速÷减速比）±5‰	—	$\geqslant 10\times10^5$	—
		输入扭矩/N·m	（最大输入扭矩×减速比）±5			
高速工况	3	输入转速/(r/min)	最高输入转速±5‰	$\geqslant 40\times10^5$	—	—
		输入扭矩/N·m	最大功率点扭矩±5			

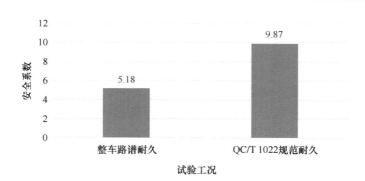

图 6-1 车辆路谱与 QC/T 1022 耐久试验对比

2023 年，天津检验中心牵头对 QC/T 1022—2015 总成耐久试验标准进行修订，拟定的新总成耐久试验标准（草案）参考了上汽的一份 24 万 km 的试验方案（见表 6-3），虽然里程数在当下乘用车行业竞争激烈的环境下略显不足，但比例分配是合理的，高扭工况占比 25%，低扭工况占比 75%。相比于传统变速器，新能源汽车减速器增加了一个反拖工况，主要是因为新能源汽车滑行制动过程中有反向充电的需要，循环转数占比 4.6%，也基本上合理，考虑到整车的舒适性，实际发电扭矩基本上是不会达到最大扭矩的，这里采用最大扭矩可以缩短试验时间。

表 6-3　QC/T 1022—2015 总成耐久试验条件及指标（拟修订标准）

试验条件				寿命指标（输出端转数）		
				正转正驱动	正转反驱动	反转正驱动
高扭工况	1	输入转速/(r/min)	最大功率点转速的 50%±5‰	≥3.5×10^5	—	0.5×10^5
		输入扭矩/N·m	最大输入扭矩±5			
	2	输入转速/(r/min)	最大功率点转速±5‰	≥10×10^5	—	—
		输入扭矩/N·m	最大输入扭矩的 75%±5			
	3	输入转速/(r/min)	最大功率点转速±5‰	—	≥2.6×10^5	—
		输入扭矩/N·m	最大输入扭矩±5			
高速工况	4	输入转速/(r/min)	最高输入转速±5‰	≥40×10^5	—	—
		输入扭矩/N·m	最大功率点扭矩±5			

注：1. 输入转速和输入扭矩均指减速器输入轴端转速。

2. 输出端指减速器输出端，输入端指减速器输入端。

3. 高扭工况中最大功率点转速是指最大输入扭矩时最大功率下的转速，高速工况中最大功率点扭矩是指最高输入转速时最大功率下的扭矩。

6.2　总成冲击试验

由于新能源汽车驱动电动机响应速度快，启动扭矩大，过载能力强，所以新能源汽车减速器在急加速、爬坡、负载启动等工况中都承受着驱动电动机输出的瞬态大扭矩和频繁的冲击载荷，这使得新能源汽车减速器内部的重要零部件常面临严峻的冲击疲劳失效问题。为了考核与优化新能源汽车减速器的疲劳耐久性能，需要对新能源汽车减速器总成进行冲击试验，主要就是考察内部有间隙配合的零部件（如花键、轴承和齿轮等），在承受瞬间大载荷时，会不会出现异常。

对于新能源汽车减速器总成的冲击试验，当前主要有两种试验方法：一种是输出端锁死，输入端施加交变扭矩；另一种是输入轴低速旋转，并施加交变扭矩。这两种方案各有优缺点：第一种方案更容易实现，但每次冲击都是同一个位置，与整车实际使用情况稍有差异，可通过旋转角度做多轮试验匹配整车情况；第二种方案虽然与整车实际使用情况相符，但对台架加载电动机要求高，工业电动机与车载电动机的响应速度相差较大，频繁冲击对台架损伤严重。解决办法是，把车载电动机与减速器装配成动力总成，利用车载电动机本身的性能进行冲击试验。

目前对于总成冲击试验的冲击时间、冲击扭矩和冲击次数并没有统一的标准，并且各企业之间差异还很大，有的企业要求冲击时间为 2s，有的企业要求冲击时间为 200ms；有的企业要求冲击扭矩就是最大扭矩，有的企业要求按 2 倍最大扭矩；有的企业采用一正一负扭矩交替冲击，有的企业采用三正一负扭矩交替冲击；有的企业循环次数只要求几千，有的企业循环次数要求达到几万。典型产品总成冲击试验方案见表 6-4。

表 6-4 典型产品总成冲击试验方案

序号	最大输入扭矩/N·m	是否锁死	冲击扭矩	循环时间/s	完成次数	结果
1	200	输入轴转动	1 倍（三正一负交替）	20	23 万/7.7 万	无异常
2	200	输出轴锁死	1.5 倍（正负交替）	0.6	3 万~6 万	传动轴花键开裂
3	240	输出轴锁死	2 倍（正负交替）	0.2	2000	无异常
4	300	输出轴锁死	1 倍（正负交替）	2	14.5 万	行星齿轮轴断裂
5	350	输出轴锁死	1 倍（正负交替）	2	19 万	无异常

产生冲击的实际情况主要有两种：一种是车辆的加减速冲击，这种冲击是主动的，主要来自电动机，其扭矩大小也取决于电动机性能，尽管电动机的升扭速度很快，但过快的响应对驾驶体验是不友好的，从这方面来说，2s 的冲击循环时间是合理的（0.5s 内输入扭矩从 0 增加至最大冲击扭矩，然后 1s 内输入扭矩从正最大冲击扭矩降至负最大冲击扭矩，再用 0.5s 从负最大冲击扭矩恢复至 0）；另一种冲击是来自异常路面，车辆高速行驶过程中遇到沟坎或突发情况的紧急制动，来自车轮端的瞬间冲击会很大，远超电动机的最大扭矩，可能达到 2~3 倍，而且时间很短。但考虑这种情况在实际使用中占比较少，可以通过增加零件安全系数或低周试验验证来解决（0.05s 内输入扭矩从 0 增加至 2 倍最大冲击扭矩，然后 0.1s 内冲击扭矩从 2 倍最大冲击扭矩降至 -2 倍最大冲击扭矩，再用 0.05s 从负最大冲击扭矩恢复至 0，完成 2000 次循环）。

减速器总成冲击试验须在专用的冲击试验台架上完成（见图 6-2），推荐采用 2s 的冲击循环时间，1 倍最大输入扭矩正负交替加载方案，并建议保证最少完成 10 万次循环无异常。

图 6-2　减速器总成冲击试验台架

6.3　差速器耐久试验

对于差速器耐久试验方法，QC/T 568—2019 要求分高速低扭和低速高扭两种工况。高速低扭时，在最高档，50%～55% 发动机最高输入转速，输入扭矩为 30～35N·m，固定任意一端，另一端可正常转动（差速率为 200%），运行时间为 30min；低速高扭时，挂最低档，输入转速保持（2000±10）r/min，差速率为 12%～15%，扭矩从 0 升到 75% 发动机最大扭矩为 ±5N·m，维持 1min 后再降到 0，全程时间不大于 3min，此为一个循环，总共完成 200 次以上的循环。

QC/T 1022—2015 在差速器耐久试验方面的要求，与 QC/T 568—2019 很接近，分高速低扭和低速高扭两种工况，但工况和时间要求都有不妥之处。高速低扭时，减速器正转，50%～55% 的最高输入转速，25%～35% 的最大输入扭矩，固定任意一端，另一端可正常转动（差速率为 200%），时间不小于 30min（15min 后，可将固定端和转动端互换）；低速高扭时，减速器正转，保持 20% 的最高输入转速 ±10r/min，差速率为 12%～15%，输入扭矩从 0 升到 75% 最大输入扭矩 ±5N·m，维持 1min 后再降到 0，全程时间不大于 3min，此为一个循环，总共完成 200 次以上的循环。

这里涉及一个差速率的概念，其意义是差速器两端传动轴转速差与差速器壳体转速之比。差速器的许多失效模式是磨损失效，按照 QC/T 1022—2015 的标准进行试验，失效率非常高，问题主要出在高速低扭工况，根本原因就是转速高、扭矩大、差速率大、时间久，造成差速器内部很容易磨损烧蚀。事实上，出现 200% 差速率时，就说明一端的轮胎已经打滑，此时转动端的扭矩是不会很大的，如果能达到50%的最大扭矩，车辆完全可以脱困。

轮胎打滑，说明一端车轮与地面摩擦系数过小或压力过小，对于一台重1500kg的车辆，如果在冰面打滑，摩擦系数按最大0.15计算，轮胎与地面摩擦力为562.5N，轮胎滚动半径按0.4m计算，差速器扭矩仅为450N·m，可见需要的扭矩是很小的。此外，如果车辆出现打滑情况，让车轮高速且连续长时间旋转是毫无意义的，是不正确的使用方式，产品设计需要有一定的安全系数，但冗余过度，除了增加生产成本，没有更多价值。

为此，对于QC/T 1022—2015标准中的差速器高速低扭试验要求，需要把扭矩、转速和持续时间进行调整，制定一个相对合理的试验方案。可以参考国外对于车轮打滑的台架试验方案，见表6-5。

表6-5 国外差速器耐久试验方案

测试步骤	描述	输出扭矩/N·m	转速差/(r/min)	持续时间/s	循环次数
1	模拟一端车轮在冰面上空转，另一端车轮固定	按照在冰面情况计算扭矩	500	60	50
2	模拟一端车轮在冰面上空转，另一端车轮固定	按照在冰面情况计算扭矩	250	120	30
3	模拟一端车轮在沙子里，另一端车轮固定	按照在沙里情况计算扭矩	600	10	10

注：$T=C_fNR$，T—车轮扭矩，N—法向压力，R—轮胎负载半径，C_f—摩擦系数，湿滑冰面上的摩擦系数取0.112，沙子里的摩擦系数取0.559。

对于低速高扭工况，由于转速较低，差速率也不大，每个循环持续时间还很短，通常很少会出问题。

6.4 差速器冲击试验

差速器冲击试验是对减速器总成冲击试验的补充，主要考察差速器本身的抗冲击性能，检验差速器是否设计安全系数过高，对优化设计、降低产品生产成本很有价值。试验方法是固定输出端，对主减齿轮或差速器壳腹板进行加工，安装推杆或扭转缸，根据给定的试验标准进行冲击。扭转缸式与推杆式相比精度更高。差速器冲击试验台架（推杆式）如图 6-3 所示，差速器冲击试验台架（扭转缸式）如图 6-4 所示。

图 6-3　差速器冲击试验台架（推杆式）

图 6-4　差速器冲击试验台架（扭转缸式）

与减速器总成冲击试验一样，目前行业内，对差速器冲击时间、冲击扭矩和冲击次数也没有统一的标准。对不同企业的类似产品按照相同标准（0.05s 内驱动扭矩从 0N·m 升至最大正扭矩；0.1 s 内驱动扭矩从正最大扭矩降至负最大扭矩；0.05s 内驱动扭矩从负最大扭矩升至 0N·m）进行了试验，试验数据见表 6-6 和表 6-7。可以看出，不同企业设计的产品，差速器承受冲击的能力在冲击载荷较小时相差很大，而在冲击载荷较大时相差很小，最大设计扭矩较小的产品安全系数更高，最大设计扭矩较大的产品安全系数相对小一点，这主要是因为差速器的承载能力与本身尺寸有直接相关性，而差速器的尺寸又受安装空间和齿轮箱边界条件的限制，输入扭矩较小产品的差速器尺寸不能太小，输入扭矩较大产品的差速器尺寸又不能太大。

表 6-6　典型产品差速器冲击试验

序号	最大输入扭矩/N·m	冲击扭矩	循环时间/s	完成次数	结果
1	1536	2 倍（正负交替）	0.2	4.6 万	多个零件开裂
2	3500	2 倍（正负交替）	0.2	4.6 万	多个零件开裂

表 6-7　不同企业差速器冲击试验对比

冲击扭矩/N·m	循环时间/s	完成次数				
		最大设计扭矩 2400N·m			最大设计扭矩 3300N·m	
		A 企业	B 企业	C 企业	产品 1	产品 2
2500		19~20	23	17	—	—
3000		7.6	—	—	—	—
3500		1.5~3	4	1.8~3.1	11.4	6.7
4500	0.2	0.27~0.65	1.3	0.65~1.1	1.8	2.5
5500		0.2	0.4	0.2~0.3	0.3	0.4
6500		—	—	—	0.11	0.06
7500		—	—	—	0.034	0.03
8500		—	—	—	0.02	0.017

根据统计，在差速器冲击试验过程中，最常出现的失效模式是行星齿轮或半轴齿轮开裂或断齿，其次是行星齿轮轴断裂。

当前，行业采用较多的差速器冲击试验方法是以 2s 为周期的试验方案（见图 6-5），与减速器总成冲击试验保持一致：0.5s 内输入扭矩从 0 增加至正最大冲击扭矩，然后 1s 内输入扭矩从正最大冲击扭矩降至负最大冲击扭矩，再用 0.5s 从负最大冲击扭矩恢复至 0。根据试验数据并结合减速器总成冲击试验来看，循环次数也应达到 10 万次无异常。

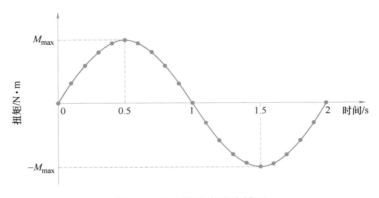

图 6-5　差速器冲击试验循环

6.5　润滑试验

润滑试验的目的，就是通过试验来查看每个旋转零件（齿轮、轴承、油封、差速器）的润滑情况。润滑质量与内部零件的转速和总成的倾角关系较大，与扭矩大小无直接关系。所以为了更加直观，壳体可采用亚克力材料的透明壳体进行试验（见图 6-6），润滑油中可添加荧光剂。由于减速器中对润滑最敏感的零件是轴承，因此进行润滑试验时，也可采用金属壳体，对轴承定位端面开孔处理后，用玻璃贴片进行密封，通过玻璃贴片观察轴承的润滑情况（见图 6-7）。该方法虽然对观察角度和部位有很大限制，但却相对简单，成本低。为了观察内部的润滑情况，可在润滑油中添加显影剂，通过观察显影剂在内部各零件表面的分布面积进行间接判断。

图 6-6　透明壳体测试方式

图 6-7　壳体开孔测试方式

润滑试验须在可前后左右倾斜的试验台上进行,主要为模拟整车水平、上下坡极限和左右倾斜极限时的润滑情况(通常左右倾角为 8.5°~10°,前后倾角为 30% 坡度)。如果条件允许,可在高低温环境仓进行试验,模拟低温环境下,润滑油黏度的改变对润滑情况的影响。另外,在高温环境下,箱体内温度、压力上升较快,查看是否会出现润滑油通过通气阀泄漏的情况,并评价通气阀的排气性能是否满足要求。

试验方法:

1)安装减速器至试验台上,调整到待测试角度,加注规定要求的润滑油量,并在最低位置布置温度传感器。

2)分别按照正转输入转速和反转输入转速运转减速器。其中,正转输入转速按照 10%~100% 最高设计转速(最低速度不小于 500r/min),间隔 10%~30% 最高设计转速(或 500~5000r/min),5000r/min 以下,间隔可小一些,高速段,间隔可大一些;反转输入转速按照 10%、20% 和 30% 最高设计转速(也可根据整车实际倒车速度进行转化),每个转速持续 2min。

3)通过增减润滑油量来检测各零件的润滑情况,并将其与设计分析数据进行对比,进而确定出最合适的润滑油油量。

6.6　接触斑点试验

接触斑点(接触区)就是当齿轮旋转进入啮合直至脱离啮合期间,轮齿相互接触的区域。它与齿轮的平稳运转、使用寿命和噪声有直接的关系,是齿轮设计的一个关键特性。接触区的基本要求是齿轮满负荷时接触区应基本布满整个工作齿面但不出现边缘接触。当前,在产品设计过程中,借助于总成设计分析软件，齿轮接触斑点可以模拟出来。

齿面接触斑点试验，主要是对加工完成并检验合格的齿轮齿面着色后，在试验台上通过空载试验或加载试验，来判断齿面接触情况与设计要求的一致性。齿面接触斑点试验有对单对齿轮啮合情况的检测，也有对总成进行的检测；有空载检测，也有全工况检测。最接近实际使用情况的是总成全工况检测。

齿面接触斑点试验采用的着色剂，主要有红丹粉、新明丹和钢红标识液。对于无油的单对齿轮检测，用红丹粉即可；对于有润滑油并且要长期运行的检测，可用新明丹（见图6-8）或钢红标识液（见图6-9）。后者斑点更清晰，并且总成可装在整车上长时间进行试验。

图 6-8　新明丹接触效果

图 6-9　钢红标识液接触效果

试验方法如下：

1）清洗掉齿面上的油膜，在齿面上均匀涂抹着色剂。可着色全部轮齿，也可在圆周方向上均匀选择几个轮齿着色。着色后，进行烘干。

2）将齿轮装入壳体，以实际使用安装角度将总成安装在测试台架上。

3）根据不同扭矩进行试验，温度控制为室温；由于主要考察的是受力情况，转速无须太高，50r/min 左右即可；运转时间应保证每个齿轮齿面都有不低于 30 次的循环，可根据实际情况增减；测试完成后，停机，拆解样机，并对每个齿面的接触情况进行拍照记录。

4）重新着色，进行下一工况检测。

6.7 其他注意事项

台架试验涉及人与设备的交互，有些设备转速很高，有些设备扭矩很大，有些设备非常精密，在设备运行过程中，既关系人身安全，也关系设备安全。因此在试验过程中，有许多注意事项一定要特别重视，否则不仅不能顺利完成试验，达到试验目的，还有可能会造成严重后果。此外，试验的目的绝不仅仅是为了试验本身，而是为了能够准确采集试验数据，更好地支撑设计开发，因此试验完成后，对试验数据的分析、对试验过程经验教训的总结也是必不可少的环节。

（1）准备阶段　试验任务提出后，根据试验任务提出的要求按试验标准编制试验大纲，其内容需要包括以下几点：

1）试验的任务和目的。明确规定试验必须完成的任务，例如要解决的技术问题、要测量的数据或要观察的现象等；相关人员务必搞清楚试验要达到的目标，如法规适应性验证、新产品定型等，试验目的决定试验类型、试验规模和内容。

2）试验的内容和条件。为完成试验任务所需的试验内容、试验条件、试验程序和试验工作量，应在大纲中做简要说明，必要时应附上试验原理示意图。

3）试验项目和测量参数。根据试验内容详细列出必须进行的试验项目以及每个项目必须测量的参数，并说明由测量参数求得最后性能指标的方法，例如传动效率试验，需要测量试验温度、转速和扭矩。

4）试验仪器设备。根据试验项目、测量参数选择试验所需的仪器设备，并提出仪器的精度要求，要准备好各种连接件、测量仪器和动力设备等。所用仪器设备应满足试验要求的测量范围、容量和精度，仪器设备使用之前应进行标定，标定的数据应记录并填入试验报告。

5）试验技术和方法。大纲中规定了与试验有关的技术事项和试验方法步骤，对于试验标准或法规中规定的试验程序和方法步骤必须严格遵守。

6）人员的组织与分工。试验人员应按专业水平和工作需要进行分工，职责明确，同时建立试验组织系统，组成试验领导指挥系统。根据试验项目配备操作、监测、记录人员，明确任务和相互间的配合关系，熟练掌握仪器设备的操作规范，并拟定试验记录表和数据处理表。对自动打印的测试系统，要设计好打印格式，明确记录图形的方式与规格。

7）试验进度计划。根据试验任务和目的以及各个项目进行的先后顺序编制进度日程计划，使试验工作协调有序按计划进行。在编制进度计划时，在时间安排上要留有余地，以免因时间太紧而影响试验质量或因工装进度变化而造成计划不能按期进行，致使计划失效。

（2）实施阶段　试验实施阶段包括减速器预热（磨合工况）、工况检测、读数采样和校核数据4个过程。

磨合工况一般为额定工况（输入转速为额定转速，输入扭矩为额定扭矩），正转磨合1h，反转磨合时间不少于0.5h，磨合后的减速器应更换润滑油。减速器跑完磨合试验并且内部零件均达到正常工作温度后，按负荷由小到大、转速由低到高的次序进行试验。试验时，根据不同试验的原始记录表要求，监控输入转速、输入扭矩、油温等数据，若数据偏差过大或相互矛盾，应采取措施，必要时应进行补救试验。试验时，须遵循以下原则：

1）试验现场不得临时改变项目或内容，以避免因考虑不周、准备不足而发生意外。

2）试验中发现样机、测试仪器和设备出现故障，应立即停止试验，查找原因，进行检修。

3）试验中规定的允许最大扭矩、最高转速、最高温度等极限值，测试人员应明确，任何情况下不应突破。

4）测试数据应及时汇总处理，发现问题及时解决。

5）试验中，人身安全的注意事项应做出明确规定，并采取相应措施，确保安全。

（3）总结阶段　试验完成后应进行总结，包括对试验中发现的问题、观察到的现象进行定性分析，对测取的数据采用试验统计理论、误差分析法进行处理，以确定实测所得的性能指标和各参数间的关系。对于强度、疲劳、磨损试验，在试验结束后，对样机进行分解、检查与测量，试验期间减速器应没有渗漏油、异响等现象，试验完毕后，主要零部件不应有损坏，如断裂、齿面严重点蚀（点蚀面积超过$4mm^2$或深度超过0.5mm）、剥落和轴承卡滞等。减速器输入和输出花键侧隙变化<10%，不应出现破损、裂纹、变形。

对试验过程进行总结，写出试验报告。试验报告的内容应包括：试验目的、样机参数、检测条件（如试验设备和试验辅料等）、检测规范、检测过程和检测结论等。

参 考 文 献

［1］孙桓，陈作模. 机械原理［M］. 5 版. 北京：高等教育出版社，1996.

［2］许洪基. 齿轮手册［M］. 2 版. 北京：机械工业出版社，2001.

［3］萨本佶. 高速齿轮传动设计［M］. 北京：机械工业出版社，1986.

［4］臭皮匠试验室. 新能源汽车电驱系统标准解读与拓展：传动系统疲劳寿命试验（二）.［EB/OL］.（2019-10-17）［2024-07-26］. https://mp.weixin.qq.com/s/_tyeZ_3UuU1F6za5ohN6Hw.

［5］邓林亮. 重型变速箱齿轮打滑掉载问题分析研究［J］. 汽车科技，2015（6）：7-11.

［6］郭俊. 考虑齿面精度的电动汽车变速器齿轮动力学研究［D］. 合肥：合肥工业大学，2019.

［7］哈里斯，科兹拉斯. 滚动轴承分析：第 1 卷　轴承技术的基本概念［M］. 罗继伟，马伟，等译. 北京：机械工业出版社，2010.

［8］侯利国. 电驱动系统减速器刚柔耦合动力学建模及振动噪声优化［D］. 长春：吉林大学，2020.

［9］胡迪，米承继，刘祥环. 新能源汽车减速器锥轴承预紧量研究［J］. 机电工程，2022（8）：1071-1079.

［10］李海宾. 渐开线花键过盈配合热装的研究［J］. 科技创新与应用，2016（25）：84-85.

［11］李润方，王建军. 齿轮系统动力学——振动、冲击、噪声［M］. 北京：科学出版社，1997.

［12］刘祖飞. 基于齿轮修形的变速器啸叫治理［D］. 长春：吉林大学，2017.

［13］马军，潘晓东，刘祥环，等. P 挡换挡挡板锁止圆弧对解锁力的影响研究［J］. 重庆理工大学学报（自然科学），2018（11）：15-21.

［14］彭俊祥. 齿轮传动系统动态特性对传递误差的影响分析［D］. 重庆：重庆理工大学，2019.

［15］乔金维，武志斐，王铁，等. 振动光饰对齿轮振动特性的影响［J］. 机械传动，2017（5）：101-105.

［16］石承钢. 关于某 WDCT 变速箱磨削振纹与啸叫的研究［J］. 汽车工程师，2021（2）：35-39，44.

［17］孙印程，刘祥环，刘德福. 自动变速器驻车机构解锁性能优化研究［J］. 汽车技术，2020（3）：21-25.

［18］王宋军，陈启云，李慧军，等. 渐开线花键配合压装力计算［J］. 机械研究与应用，2013（4）：103-105.

［19］王钰栋，金磊，洪清泉. HyperMesh & HyperView 应用技巧与高级实例［M］. 北京：机械工业出版社，2012.

［20］张广杰，龚章辉，谢志辉. 磷化处理在改善新能源汽车差速器异响中的应用研究［J］. 中国设备工程，2023（15）：10-12.

[21] 张广杰，田联明. 新能源减速机呼吸系统研究 [J]. 时代汽车，2018（4）：64-65.

[22] 张广杰，田联明，高振山. 纯电动汽车减速器壳体轻量化设计与分析 [J]. 拖拉机与农用运输车，2018（4）：53-57.

[23] 张广杰，王源. 四点接触球轴承在新能源减速器结构设计中的应用 [J]. 时代汽车，2023（10）：122-124.

[24] 全国汽车标准化技术委员会. 纯电动乘用车用减速器总成技术条件：QC/T 1022—2015 [S]. 北京：中国计划出版社，2016.

[25] TOSUN M，YILDIZ M，ÖZKAN A. Investigation and refinement of gearbox whine noise [J]. Applied Acoustics，2018，130：305-311.

[26] LIU X H，LIU D F，SUN Y C et al. High-speed BEV reducer NVH performance optimization and experimentation [J]. Engineering and Applied Sciences，2018，3（4）：103-112.

[27] 张广杰，庄磊. 纯电动汽车减速机润滑性能改善的研究 [J]. 时代汽车，2023（16）：111-113.

[28] 张亮. 某 MPV 车型主减速器啸叫机理研究及改进设计 [D]. 上海：上海交通大学，2016.

[29] 张守元，李玉军，杨良会. 某电动汽车车内噪声改进与声品质提升 [J]. 汽车工程，2016（10）：1245-1251.

[30] 彭宗文. 汽车设计标准资料手册（标准件篇）介绍（一）[J]. 汽车紧固件，2001（1）：2-9.

[31] 周益，曾一凡，王泽贵. 齿轮精度与变速器啸叫声控制的定量分析 [J]. 噪声与振动控制，2012（3）：94-98.

[32] 周迎春，胡迪，刘祥环，等. 减速器齿轮轮辐设计及其噪声试验研究 [J]. 机电工程，2022（12）：1708-1713，1725.

[33] 周迎春，胡迪，周爱球，等. 新能源汽车减速器中间轴组件花键联接设计 [J]. 内燃机与配件，2022（15）：24-26.

[34] 庄磊，张广杰，蔡央. 关于油冷电驱系统油量的分析 [J]. 汽车实用技术，2023（15）：109-112.

[35] 李树栋. Abaqus 有限元分析从入门到精通 [M]. 北京：机械工业出版社，2023.

[36] 茅国兴. 滑动率的物理意义说明 [EB/OL]. （2023-03-13）[2024-04-30]. https://zhuanlan. zhihu. com/p/433511425？utm_id=0. html.

[37] S H. 齿轮传动之滑动率 [EB/OL]. （2024-01-31）[2024-04-30]. https://zhuanlan. zhi-hu. com/p/495843258？utm_id=0. html.

[38] 李云龙，张广杰，王夏，等. 油冷电机转子润滑油路流场研究分析 [J]. 机械工程与自动化，2024（3）：28-31.

[39] 袁仲谋，张广杰. 高速电驱系统的油量和效率关系研究 [J]. 汽车实用技术，2024（10）：6-9.